E l e p h a n t M a g a z i n e

一本有趣又有料的科学书

大象公会
编 著

中国画报出版社 · 北京

图书在版编目（CIP）数据

一本有趣又有料的科学书 / 大象公会编著. -- 北京：
中国画报出版社，2018.4（2020.1重印）
ISBN 978-7-5146-1607-1

Ⅰ. ①一… Ⅱ. ①大… Ⅲ. ①科学知识—普及读物
Ⅳ. ①Z228

中国版本图书馆CIP数据核字(2018)第065278号

一本有趣又有料的科学书
大象公会 编著

出 版 人：于九涛
责任编辑：郭翠青
责任印制：焦 洋

出版发行：中国画报出版社
地 址：中国北京市海淀区车公庄西路33号 邮编：100048
发 行 部：010-68469781 010-68414683（传真）
总编室兼传真：010-88417359 版权部：010-88417359

开 本：16开（710mm×1000mm）
印 张：15
字 数：250千字
版 次：2018年5月第1版 2020年1月第3次印刷
印 刷：三河市华润印刷有限公司
书 号：ISBN 978-7-5146-1607-1
定 价：45.00元

目 录

contents

“一天”到底有多长

晚上我们睡觉之前，经常会说“一天又过去了”，可是每个人入睡的时间不一样，那“一天”是不是也不一样呢？“一天”到底有多长呢？答案很简单，昼夜轮替和地球自转并不是精确对应的。天文学上，地球的“一日”有两种定义：其一，太阳连续两次经过某地的中天的时间间隔。所谓中天，顾名思义指的是天体在天空中最高点的位置，这便是太阳日；其二，某远处“不动”恒星连续两次经过某地的中天的时间间隔，这便是恒星日。单从这个定义来说，它指的就是地球的自转周期，也就是“一日”。

由此可见，一天的长度取决于所选参照系。所谓远处“不动”的恒星，夜空中任何一颗恒星都与我们有数光年乃至数百光年之远，地球公转造成的距离变化可以忽略不计，这使得它们几乎像是钉在天穹上，只有太阳在这个恒星背景里自西向东一年一圈缓慢移动；而太阳日，也就是我们平常所说的“一天 24 小时”，意义也就显而易见了。相对地球而言，太阳显然不是一颗“不动”的恒星，计算太阳日，公转因素不可忽略。

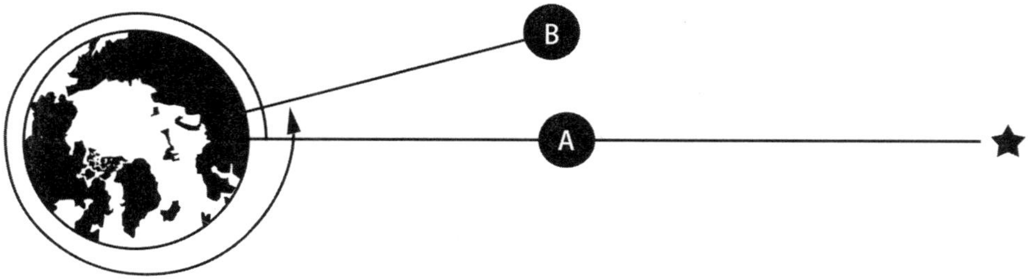

上图为太阳日和恒星日对比的简化示意图，图中 A、B 分别代表前后一天的太阳位置，最右端的五角星代表遥远恒星。由于地球在一天的时间里已经相对太阳公转过一定角度，它需要通过自转，把这个角度“补”回来，才能让太阳再次达到最高点，因而太阳日比恒星日要长。

我们在中学地理中都学过，地球的自转周期约为 23 小时 56 分 4 秒。为了更直观地区分恒星日和太阳日，若取公转和自转角速度恒定，则可以用“一天”和“一年”的长度来估算上面这个数值。在 365 天里，公转角度为 360°，所以一天公转约 0.9863°；地球自转补回上面算出的角度，完成一个太阳日，即需要旋转 360.9863°，用时 24 小时；由此可以得出地球自转 360° 需要的时间为 23 小时 56 分 3.9347 秒。

当然，如上所言这只是估算，数值只取大略，速度也假设恒定。实际情况有不少复杂细微之处。首先，众所周知，地球的公转角速度不恒定，而是在轨道近日点的最大值和远日点的最小值之间变化，所以严格来讲，24 小时只是以年为单位，“平均”一个太阳日的时长。实际上一年当中只有四天与这个值比较精确地吻合，而最长和最短的一天相差可达 50 秒左右。

因此，24 小时被称作一个“平太阳日”，而具体每一天则被称为“真太阳日”

或“视太阳日”。问题在于，如果太阳日时长只取决于公转角速度，那么一年中最长的一天自然就应该在公转轨道的近日点（1 月 3 日附近），最短的一天在远日点（7 月 4 日附近），但是，实际情况并不是这样。想要对此进行解释，就要提到“黄赤交角”，即地球公转轨道（黄道）面与赤道面的夹角如何影响太阳相对于地球观察者的视运动。上文已经提到，若以地球为参考系，太阳是在一个稳定的恒星背景下自西向东一年一圈缓慢移动，不妨视为绕地球“公转”。为叙述清晰，此处先排除前面讨论过的公转角速度值变化，假设轨道为正圆，角速度不变。

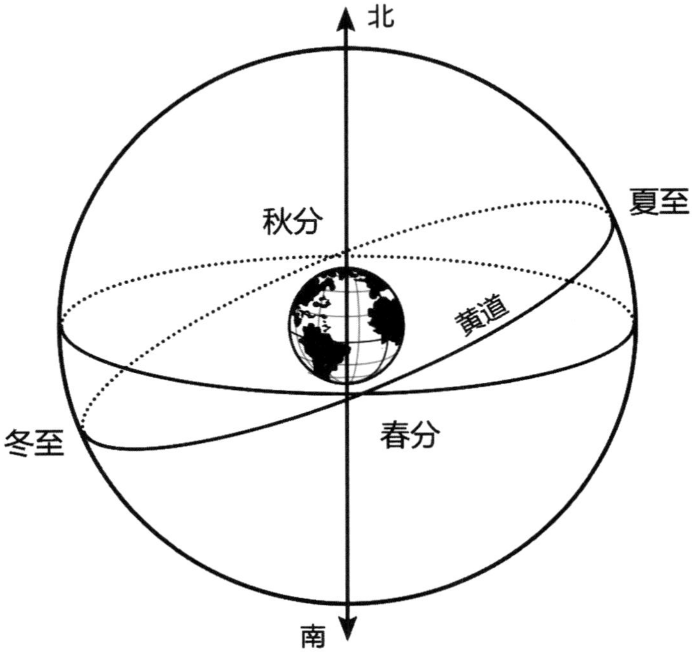

以地球为参考系，按黄赤交角调整后，图中夏至与冬至所处的大圆即为太阳“绕地公转”的轨道面简化示意图，其与水平大圆即赤道面的交点，即

为二分点。

不难看出，太阳在二分点处相对地球的角速度，存在一个垂直于赤道面的分量，所以与赤道方向平行的角速度分量就小于二至点处，在地球上的观察者看来，越接近二分点附近，相邻两个正午间太阳的位移就越小，太阳日时长递减。反之，在从分点到至点的“公转”过程中，太阳日时长递增。所以，如果单独考虑黄赤交角的影响，最长的一天应该在二至点，最短在二分点。

综合以上考虑的自转和公转因素，最长的一天也就变成了更接近近日点的冬至，最短的一天则是更接近远日点的秋分。

回到开头提到的恒星日，严格来说它的长度也在变化。通常所说的“平恒星日”是以春分点时的自转周期为标准，而春分点本身也在空间中极为缓慢地运动着。

首先是岁差的因素，即约25800年为周期，地轴本身的指向也会发生漂移，也就是说，上文所述的“稳定恒星背景”也在以这个周期相对地球旋转。所以，目前真正的地球自转周期大约要比这个标准长0.0084秒。

其次，由于潮汐、大地震、板壳运动乃至冰川融化，再加上其他天体引力场的影响，导致地球本身的自转速度也不稳定。也正是因为这些影响的不确定性，导致闰秒不能像闰年一样计算，只能根据国际权威机构的实测决定。一年下来，自转周期的误差就很难忽略了。

为什么冥王星不是行星

2006年，冥王星的名字被人们移出了行星的名单。事隔10年之后，也就是2016年1月，美国加州理工学院发现第九大行星可能存在的证据，人们再次针对冥王星到底是不是行星进行了讨论：国际天文联合会（IAU）在2006年重新定义了行星，冥王星被取消了行星资格，降为“矮行星”，全世界的教科书都为之改写了。也就是说，以前我们在课本中学到的关于冥王星是行星的认知，全部被推翻了。可是，冥王星为什么不是行星呢？它为什么会被开除出行星呢？

这个影响深远的决定并不是心血来潮，冥王星的行星地位自从发现以来就饱受质疑。19世纪40年代，奥本·勒维耶分析天王星轨道摄动后发现了海王星，这颗行星被誉为“在笔尖上发现的行星”。但海王星的观测位置与理论位置仍不完全相符，人们因此推测这是受另一颗行星摄动的结果。于是从上一个世纪之交开始，搜寻海王星之外的“X行星”就受到了天文学界的关注。终于在1930年，美国天文学家克莱尔·汤博发现了一颗新行星，并命名为“冥王星”。

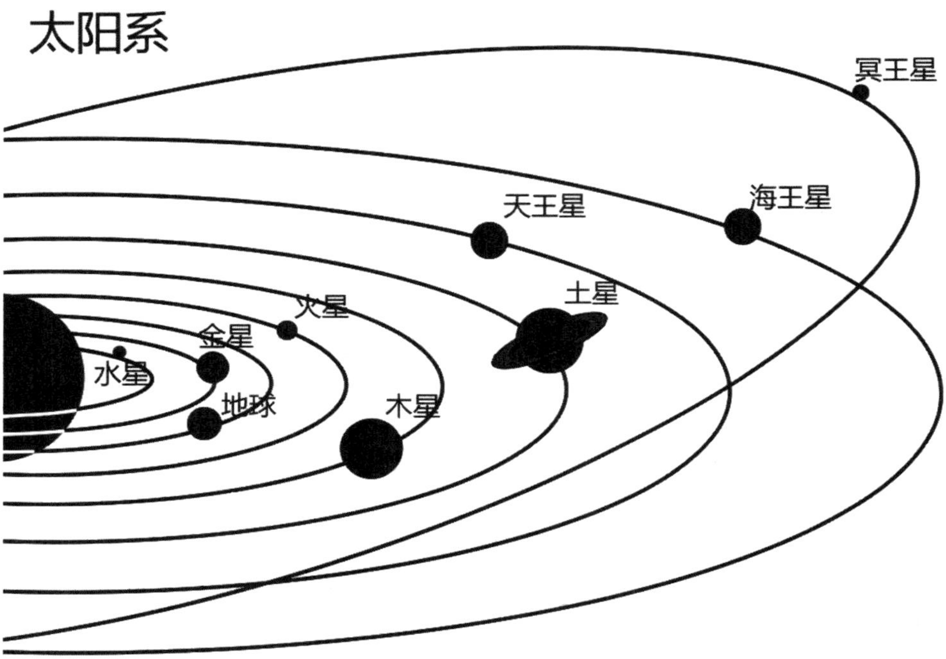

九大行星图

可令人失望的是，冥王星的质量远不如人们希望的那样大，它在 1931 年被估计为地球质量的 1 倍，1948 年减少到 0.1 倍，1976 年再缩小到 0.01 倍，两年后又缩小了一半。而且，冥王星的轨道离心率和轨道倾角也大得出奇，相比其他八大行星同心圆般的轨道，它的轨道完全不在同一个平面上。看来，冥王星质量小又特立独行，难当“X 行星”的大任。直到 20 世纪 80 年代，人们仍在寻找真正的 X 行星。

到 1989 年，航海家 2 号飞掠海王星时传回的数据表明，我们一直以来都夸大了海王星的质量，经过这一修正，海王星的理论位置与观测位置完全吻合，不再存在摄动，X 行星失去了存在的必要，但对冥王星身份的质疑却更加强烈了。

随着观测技术的进步，我们从 20 世纪 90 年代起在海王星轨道之外发现了越来越多的天体，许多都与冥王星相差不大，都有着又扁又倾斜的轨道，特别是在 2005 年 1 月，我们发现了体积比冥王星稍小而质量比冥王星略大的阋神星。这些遥远的天体明显与冥王星关系密切，称为“类冥天体”，而与传统上的八大行星相去甚远。

正是在这些新发现的天体的背景下，国际天文联合会才在 2006 年重新定义了行星：除了直接环绕恒星公转以外，行星还必须有足够的引力使自身成为球体，并且扫清轨道上的其他天体。满足前两点而不能满足第三点的天体则称为“矮行星”，只满足第一点的统称为“太阳系小天体”。

根据这一定义，第一批确定的矮行星包括了冥王星和近年发现的阋神星、鸟神星和妊神星，而谷神星作为最大的小行星也令人意外地列入其中，它们的质量加起来也只有月球的一半左右。除了这 5 颗正式公布的矮行星以外，还有许多尺寸较大的天体也被视作矮行星的候选者，比如冥卫一、赛德娜、亡神星、创神星、潫神星等，共计 200 多颗，来自太阳系内多个不同的区域。据估算，太阳系内尚未发现的矮行星可能要超过 1 万颗。

天体	英文名	编号	半径（KM）	质量（10^21KG）	平均轨道半径（天文单位）	分类
2007 OR10		225088	640 ± 105	2	67.21	离散盘
冥卫一	Charon	Pluto I	604 ± 2	1.52	39.26	冥族小天体或卫星
创神星	Quaoar	50000	555 ± 3	1.4	43.58	QB1 天体
塞德娜	Sedna	90377	498 ± 40	0.8	518.57	离散盘或内奥尔特云
2002 MS4		307261	470 ± 30	0.7	41.93	QB1 天体或离散盘
亡神星	Orcus	90482	460 ± 10	0.64	39.17	冥族小天体
潫神星	Salacia	120347	430 ± 20	0.45	42.19	QB1 天体或离散盘

上述列表便是半径大于400千米的候选矮行星，但这也引出了许多争议，比如谷神星在成分和演化上与其他四者明显不同却被归为同类，而与谷神星相同起源的大多数小行星被分为“太阳系小天体”，这一定义会令小行星与矮行星的概念含混不清。然而小行星分布极其广泛，的确与熄火彗星、奥尔特云天体、柯伊伯带天体等难以区分，要想对太阳系内所有天体都做出清晰的分类绝非区区几代人所能实现。于是在 2011 年发往冥王星的新视野号任务中，冥王星仍被总监阿兰·施特恩称为行星。

为什么欧洲国家的国旗大多是三色旗

每个国家的国旗上面的图案都具有特别的意义，而绝大多数的欧洲国家都采用三种颜色的旗帜作为自己国家的国旗，这究竟是为什么呢？从总体来看，欧洲国家的三色旗大致可以分为两类：三种颜色水平排列的和三种颜色竖直排列的，两类三色旗有着不同的起源。

把条纹水平排列的国旗多是“纹章传统色旗”，国旗的颜色通常取自王室徽章的颜色。纹章标记颜色放在上方，盾的颜色放在下方。这一类旗帜在中欧尤其常见，奥地利、德国、匈牙利、卢森堡、摩纳哥、波兰、圣马力诺、西班牙、乌克兰的国旗都来源于此。

把条纹竖直排列的国旗则带有明确的革命含义，它们诞生在法国大革命以后。法国国旗是最典型、影响也最大的三色国旗，蓝白红三色被称作“法兰西色”，象征“自由”“平等”“博爱”的精神，但这三种颜色最初结合的时候与这种象征含义无关。

1789 年 7 月，法国大革命爆发前夕，巴黎民兵戴上了红色和蓝色的帽章，红、蓝是象征巴黎的颜色。当月 17 日，拉法叶侯爵在市政厅献给法王路易十六一枚这样的帽章，国王将白色的王室徽章与之并置，于是有了蓝白红三色的结合。

对三种颜色这样排列，革命领袖们也表示同意，但将白色解释为“自由之色”。蓝白红三色的帽章被制作出来，在巴黎受到狂热追捧，不久之后，巴黎大街小巷都飘扬起蓝白红三色旗。

由此，蓝白红正式成为法国的代表颜色，除 1815—1830 年波旁王朝复辟期间，法国一直使用蓝白红三色旗作为国旗，并将其视为法国国家精神的象征。

受法国影响，后世许多革命和独立运动的领导人都使用颜色条纹竖直排列的旗帜，以象征“革命”“独立”“反压迫”等含义。不过在使用的时候，通常会采用自己民族的传统色以替换蓝白红三色，比利时、爱尔兰、安道尔的国旗来源都是如此。

意大利的绿白红三色旗最早是拿破仑建立的南阿尔卑斯共和国旗帜，和法国大革命有直接渊源，在成为意大利国旗后，它被赋予意大利的土地（绿色）、阿尔卑斯山上的白雪（白）和爱国者的热血（红）这三种象征意义。

革命意义的国旗喜欢带上象征，传统的水平排列旗难免也跟风“与时俱进”。比如德国国旗，黑红金三色最初取自神圣罗马帝国徽章颜色，后来固定为德意志民族的传统色，今天则解释为：黑色代表勤勉与力量，红色象征国民热情，金色代表重视荣誉。

在这两类之外，还有一系列三色旗，既是水平排列，却又不是源自传统的纹章，这就是俄罗斯和许多东欧国家的蓝白红三色旗。这类旗子被称为泛斯拉夫色旗，它们起源于荷兰国旗。

今天的荷兰国旗也是蓝白红三色，然而最初却是橙白蓝，这是奥兰治王子威廉一世的纹章传统色。17 世纪，橙色开始逐渐被红色取代，一说是因为红色在海上更容易被识别，另一说认为这是企图瓦解奥兰治王室的荷兰议会的政治举动，还有一说是因为橙色染料不可靠的缘故。

到 1795 年，荷兰国旗正式改为红蓝白三色，和其他的纹章传统色旗一样，它的颜色也是水平排列的。

荷兰国旗直接影响了俄国。17 世纪末，彼得大帝到荷兰学习先进技术，把红白蓝三色旗带了回去，并亲手改造设计为使用此三色的商船旗，这种商船旗后来成为了俄国国旗。

接着，俄国国旗又成了斯拉夫国家和周边其他国家的范本。1804 年，第一次塞尔维亚起义前，被派至俄国寻求帮助的塞尔维亚代表带回了俄国的三色旗，他们将颜色顺序上下颠倒，改成了自己的旗帜。1848 年，布拉格举行泛斯拉夫会议期间，红蓝白正式成为泛斯拉夫色。

在这一时期，塞尔维亚、奥地利的一些斯拉夫省、斯洛伐克与斯洛文尼亚等都采用了此三色的旗子，但颜色排列顺序各不相同。虽然泛斯拉夫色旗的红蓝白三色有着共同起源，但在今天都有了各自不同的解释，通常是某种品德或自己国家的自然景观。如俄国的白蓝红三色就被认为代表俄国横跨寒带（白）、亚寒带（蓝）、温带（红）的辽阔国土。

此外还有一些国家，其历史也受到俄国的深刻影响，虽然它们没有采用泛斯拉夫色，但是水平条纹的设计也是受俄国国旗影响，白俄国、立陶宛、爱沙尼亚、拉脱维亚等都在此列。

金属光泽从哪儿来

金属具有独特的质感，而且金属光泽别具特色，那么问题来了，金属光泽究竟是从何而来呢？其实，这个问题既是一个物理问题，也是一个化学问题，但归根结底是个物理问题。

我们平时见到的金属光泽，实际上是强烈的镜面反射，只要能将大量入射光线集中地反射回来，就会产生金属光泽，水面上的油渍甚至昆虫的外骨骼都有这样的特性。然而相比其他各种材料，金属的镜面反射能力就值得一提了。

镜面反射大概算得上是中学物理最简单的概念，我们对它的理解往往集中于“反射面非常光滑”这一点上。然而简单想一想，并非所有材料经过抛光都能像金属那样熠熠生辉：比如大理石地板足以映出人的倒影，却仍然一派幽黑；陶瓷也可以做到细腻光滑，却从来不能闪烁银光；反之，一口破铝锅，哪怕用钢丝球磨得一塌糊涂也仍能泛出白花花的光晕，所以，材料特性也是影响光反射的重要因素。

中学化学告诉我们，金属元素的最外层电子通常较少，易于丢失，表现为强烈的还原性。而在金属晶体内部，这几个外层电子会被金属原子“放弃”，在整个晶体内部构成一个自由电子的汪洋大海，相当于一个弥漫的等离子体，这不仅给金属带来了良好的导电性，还带来了对可见光强大的反射能力。前者比较简单，在中学课上就已经讲过；而要理解它们对可见光的反射，就需要一些额外的扩展知识了。

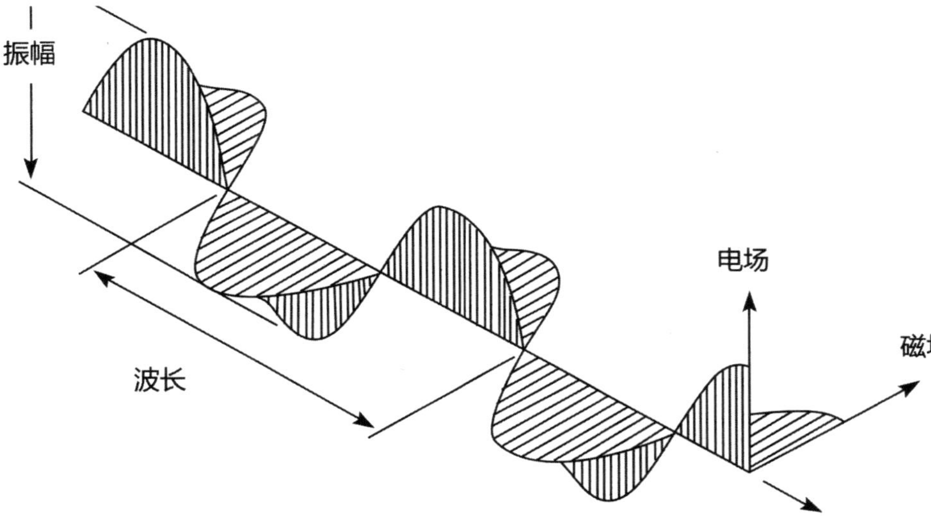

电磁波

首先，光是电磁波，一组交互变换的电场和磁场。当它抵达金属表面上的时候，电场部分就会在自由电子的汪洋大海中掀起一波涟漪，并在此过程中消耗能量。如果用术语描述，就是“电磁波激起了等离子体振荡”。

宏观物体有一个固有频率，只与物体自身有关，而与外力无关，比如无论怎么敲打玻璃杯，玻璃杯发出的声音频率都一样；等离子受高频电磁波扰动而振荡时也会有一个固有频率，称为“等离子体频率”，它只与等离子体中的自由电子密度有关，而与电磁波的强度无关，但接下来的事情就与宏观世界非常不同了。

在我们的经验里，给振子施加外力，无论力的大小如何都能让振子运动起来，只是振幅不同；但是在微观世界里，量子效应就会表现出来：电磁波既是波也是粒子，这种粒子就是光子，它的能量只由电磁波的频率决定。

一个光子进入等离子体，必须消耗能量激发一个等离子体频率的等离子振荡，剩下的能量才会继续传播；而如果一个光子的能量不足以激发这样一个振荡，就会被原封不动地弹开，无论多少光子都没有区别，不像宏观世界里那样可以累积起来。

换句话说，一个光子轰击在金属表面上，当且仅当它的频率大于等离子体频率时才能被吸收，否则就会被反射走。然而等离子体中的自由电子密度相当大，这就让金属中的等离子体频率相当高，通常要达到紫外线波段，频率更低的可见光就会被强烈反射，所以在同样的光滑程度下，金属对可见光的反射能力就比一般材料高出数倍。

但是出于另外一些更加复杂的机制，有些金属还能吸收某些特定波段的可见光，于是显出特有的颜色。

比如金由于相对论效应，可以吸收蓝紫色光，显出明亮的黄色；铜由于两个亚电子层之间的电子跃迁，可以吸收蓝色到黄绿色的光，表现出端庄的红色，而且比其他的金属暗一些。

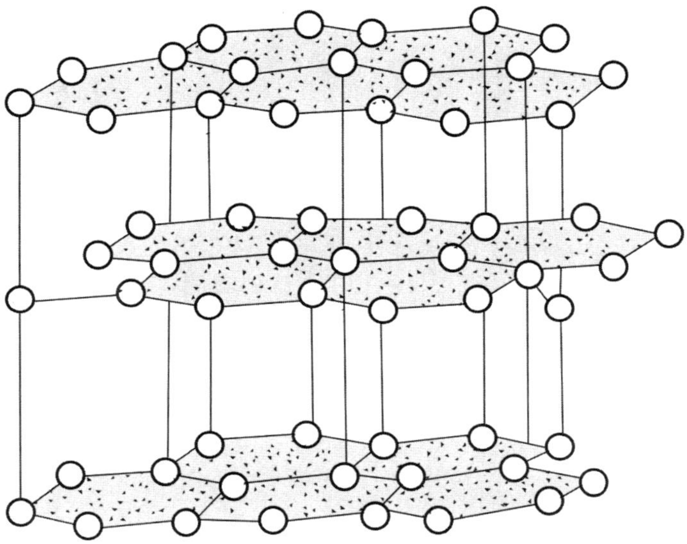

所以可以预料，其他含有大量自由电子的材料也可能显出金属光泽，比如石墨由于独特的蜂窝状片层结构，每个碳原子都有一个富余的电子，这些电子几乎是自由的，所以煤炭和铅笔芯都有一种金属光泽。

而对于那些非常缺乏自由电子的材料，比如各种绝缘体，电磁波就不会遭遇这样的等离子体振荡，直接作用于材料的价电子，引起电子跃迁，消耗一部分能量，在宏观上通常表现为某些频率的可见光被吸收了。这不但让这些材料反光率更低，也让这些材料的颜色较金属更加丰富。

另外，还有一些材料，比如玻璃和许多晶体，能通过一系列的耦合作用，把光子传递到材料的另一侧，就表现为透明。这将涉及更加复杂的物理过程，这里就不再赘述了。

旋涡和地球自转有没有关系

在我们的日常生活中旋涡很常见，马桶、浴缸在放水的时候都会产生旋涡。那么旋涡究竟是怎样产生的呢？它的旋转与地球自转有关吗？

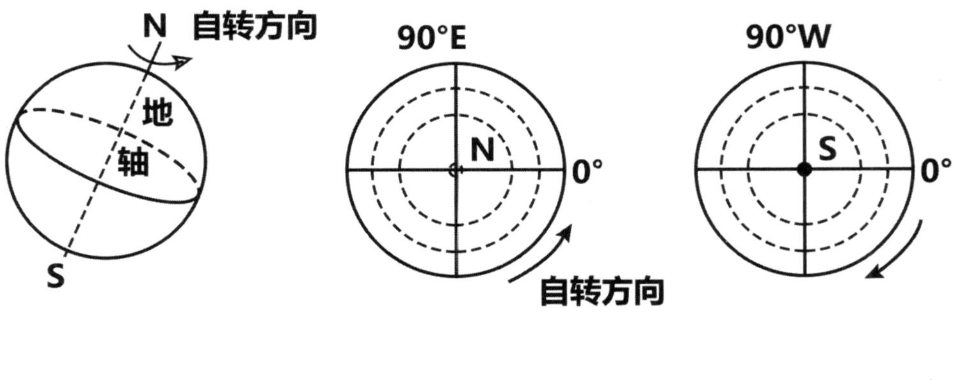

地球自转示意图

旋涡是我们对流体的涡旋的日常称谓。流体涡旋的成因多种多样，地球自转引发的科氏力仅仅是其中一种。实际上，每个流体涡旋都存在于一个复杂的力场中，单一原因很难造就流体涡旋。

我们经常误认为，浴缸、水池放水时形成的旋涡与地转偏向力有关。网络上也有许多相关文章，这里简单说明：

首先，地转偏向力的弧形运动效果能够被肉眼识别，在地球表面需要数百乃至数千千米的空间，浴缸水池的空间并不能形成因地转偏向力影响的涡旋；其次，浴缸旋涡是因为水流与缸壁摩擦的结果：水因自身重力直线向出水口中心运动，但水与缸底相接处是流体与固体相接，缸底一旦有一些细微的凹凸不平，固体表面就会形成相对于水体运动的切向力，“搓”出涡流，不断放大，形成肉眼可见的急速涡旋。

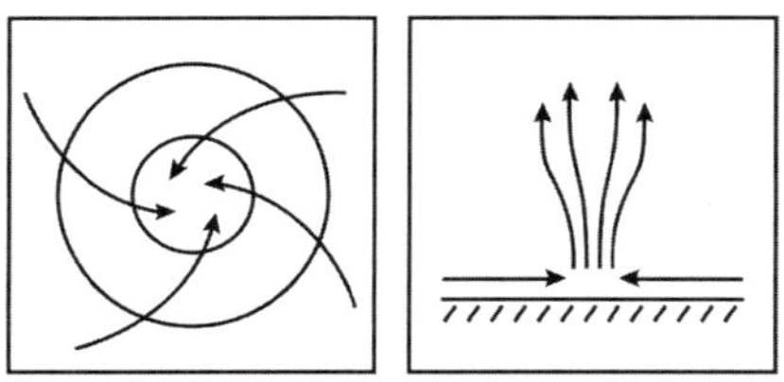

北半球气旋

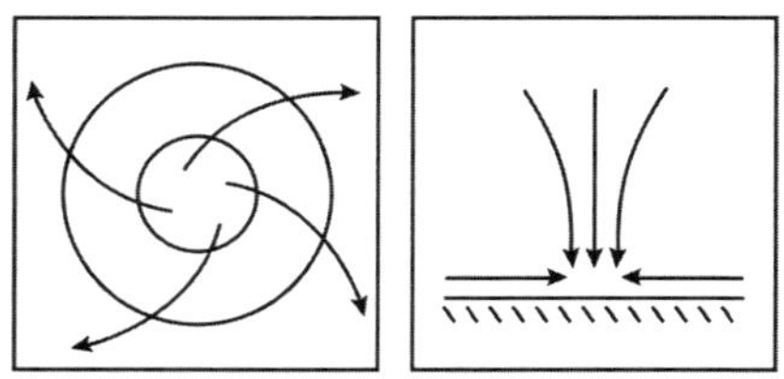

北半球反气旋

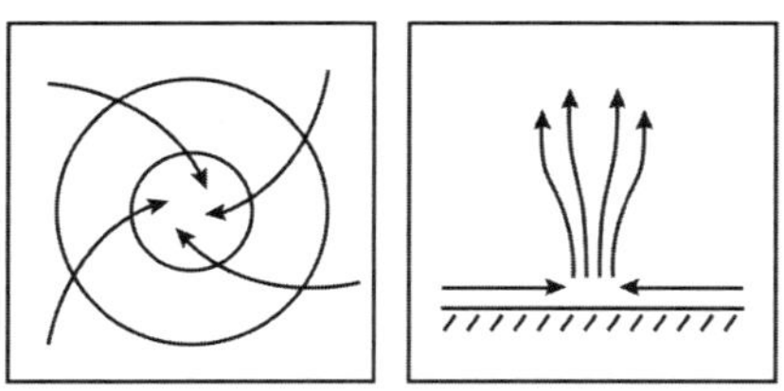

南半球气旋

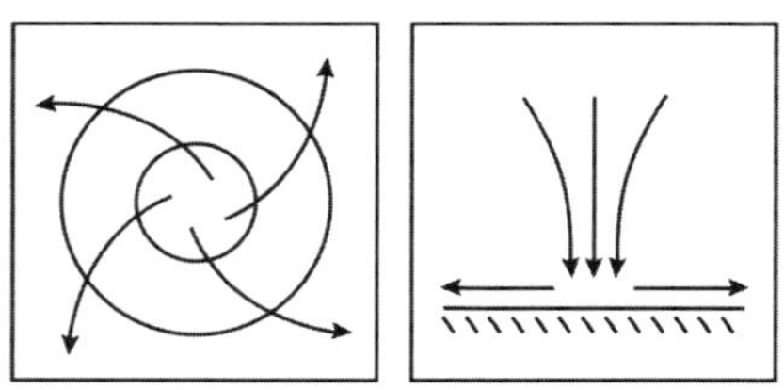

南半球反气旋

气流状况	气压	东西两侧风向	水平运动	垂直运动	天气状况	实例
气旋	低压	东侧：偏南风 西侧：偏北风	四周向中心 （北逆南顺）	上升	阴雨	台风
反气旋	高压	东侧：偏北风 西侧：偏南风	中心向外 （北顺南逆）	下沉	晴朗	伏旱

更宏观的海洋水流涡旋也与地转偏向力关系不大，它一般是外力引发的正向水流与逆向水流相遇挤压形成旋涡，或者单一方向流体在大幅度转弯时本身形成涡流。我们有时会在数百千米的海域看到海水呈涡流状运动，就是因为不同洋流交汇或者某一洋流急速转弯造成的。

我们常见的与地球自转有关的流体涡旋是大气气旋（低压）和反气旋（高压）系统。地表某处出现强低气压中心后会快速吸引周围大气向中心运动，大气在长距离运动中受气压梯度力、地转偏向力（科氏力）和摩擦力的共同作用，宏观上形成一个巨大的气旋。但是这种涡旋直径一般达数百乃至上千千米，一个浴缸显然是装不下的。

iPad 会让你的孩子近视吗

如今我们正处于一个电子时代，电子产品随处可见，计算机、手机、iPad，每一个家庭都有，而这些电子产品也成了很多孩子的最爱。那么，经常玩 iPad 会让孩子近视吗？

几乎所有的眼科建议都包括了“电子设备的显示器会损伤你的视力，尤其是对发育期的儿童有害”，这一观点因此被大多数人不假思索地当作事实，从而相信孩子更应该使用纸质书籍。

这种观点还得到了相当多的“数据支持”，比如美国的近视率从 20 世纪 70 年代开始攀升了 2/3，这段时间恰恰也是家庭计算机普及的时间；抽样调查也表明，使用计算机或者看电视的时间长度与近视发病率有极高的相关性；而在世界各地，电视、计算机乃至手机开始大规模普及后，近视率也都会相应地攀升。由此可见，电子设备损伤视力的说法真的已经铁证如山了。

这样普遍的观念也反映在电子阅读的产品竞争中，无论是亚马逊、索尼，还是巴诺书店的电子阅读产品，都一致采用了“电子墨水”这一反光材料，“阅读体验上接近真实纸张”在这一选择中占据了相当重要的地位，而各类平板计算机的液晶显示器则被许多消费者认为容易引起视觉疲劳，不适于长期阅读。

但是从 20 世纪末开始，这一所谓传统的理论就不断受到挑战。

1996 年，加州大学伯克利分校针对计算机使用量和近视的关系做了一次研究，结果发现“没有显著证据表明使用计算机比其他近距离操作更能提高近视风险”，也就是说相比读书看报、数据录入、缝纫刺绣等耗费眼神的事务，长时间观看屏幕并未对视力造成更多损害。近视的真正因素是视物过近，而与你看的东西是什么并无直接关系。

甚至，近距离视物与近视的关系也在接受质疑。2007 年的一项研究持续跟踪了 514 名 3 年级美国小学生，结果发现，到 8 年级的时候，有 20% 的学生罹患近视，所有因素中相关性最强的是遗传：双亲近视的儿童，近视发病率是双亲无近视的儿童的 5 倍；单亲近视的儿童，近视发病率是双亲无近视的儿童的 2 倍。

“近距离视物的时间长度”这一颇受重视的因素反而没有显著的相关性。这一观点在 2006 年一项针对 1000 名新加坡小学生的研究中也获得了支持，“那些罹患近视的儿童并没有比其他孩子多看书”。

这些反传统的研究虽然也遭遇了不少反驳，比如近视发病率的确与学历呈现明显的正相关，许多研究也表明，学生在学习上花费时间越多就越容易近视。但是用显示器阅读和用纸张阅读在提高近视发病率上仍然没有统计意义上的差别。

另一方面，我们又的确经常听到“计算机视觉综合征”，表现为眼球干燥、眼睛疲劳、视觉模糊甚至头痛、重影，它的主要诱因是人眼在凝视物体时眼球肌肉会处于紧张状态，而降低眨眼频率，诱发暂时性的近视。但这种效应同样不是电子显示器的专属，纸质阅读也会降低眨眼频率。

所以电子阅读中“液晶屏幕容易引起视觉疲劳”的观点也受到了挑战：2012年瑞士应用科技大学的一项研究认为，无论液晶屏幕还是电子墨水屏幕，在引起视觉疲劳上都没有区别，消费者会产生这样的印象是因为液晶屏幕在相当长的一段时间里分辨率都较低，而经过最近几年的技术进步，屏幕分辨率不断提高，这两种媒介的差异已经消失了。

除了视物距离和眨眼频率以外，电子屏幕还有一种可能损伤视觉的因素，即显示器的原理是发光，而传统媒体的原理是反光。这使得显示器的明暗对比非常强烈，为了适应快速变化的光强，眼球内部的肌肉就不得不频繁调整，造成视觉疲劳；而显示器一旦处于光线强烈的环境中，又会显得异常昏暗，辨认困难，迫使瞳孔放大。

这的确是一个问题，但我们仍然有很多弥补措施，眼科医生通常建议显示器亮度不要超过环境 3 倍，或低于环境的 1/3，调整角度防止颈部疲劳，并经常转移视线，这些方法都能有效缓解视觉疲劳。

综上所述，iPad 或者其他电子设备的显示器的确能造成视觉疲劳乃至诱发近视，但是这些负面效应同等地出现在纸张等传统媒体上，用纸张取代显示器没有可取的实践意义。只有避免长时间视物过近，经常参加户外活动，才是保护视力的真正方法。

进化论如何解释生物的拟态

想要了解进化论是否能解释生物的拟态，首先要知道生物拟态究竟是什么。这里举一个例子，在北京山区随处可见的核桃美舟蛾，其前翅宽阔而平整，上面的渐变色图案构成了一种强迫透视，仿佛卷起来的枯叶或树皮。

如果用进化论解释拟态，就如同用力学解释斜坡上的滑块，直接套公式即可：如果某个基因突变能使个体拥有拟态的性状，这些个体就能获得更高的存活率和繁殖成功率，反过来提高这一基因突变在种群中的频率，最终使拟态成为种群的普遍性状。换句话来说，没有拟态能力的动物，已经被自然选择淘汰了。

但拟态现象的确是一个相当庞大复杂的课题，如果还想更加细致地理解其中的突变和选择机制，我们只能以少数案例为基础，介绍一些最常见的原理和模式。

长期以来，生物体形成复杂图案的能力给公众留下了一个巨大的疑惑：“人类这么聪明，想要组织几百人搞一个变色方阵尚且需要训练很久，而这些数以十亿计的色素细胞连意识都没有，如果没有一种冥冥之中的力量，怎么‘知道’自己应该长成什么颜色，怎么在大尺度上展现出有序的图案呢？”

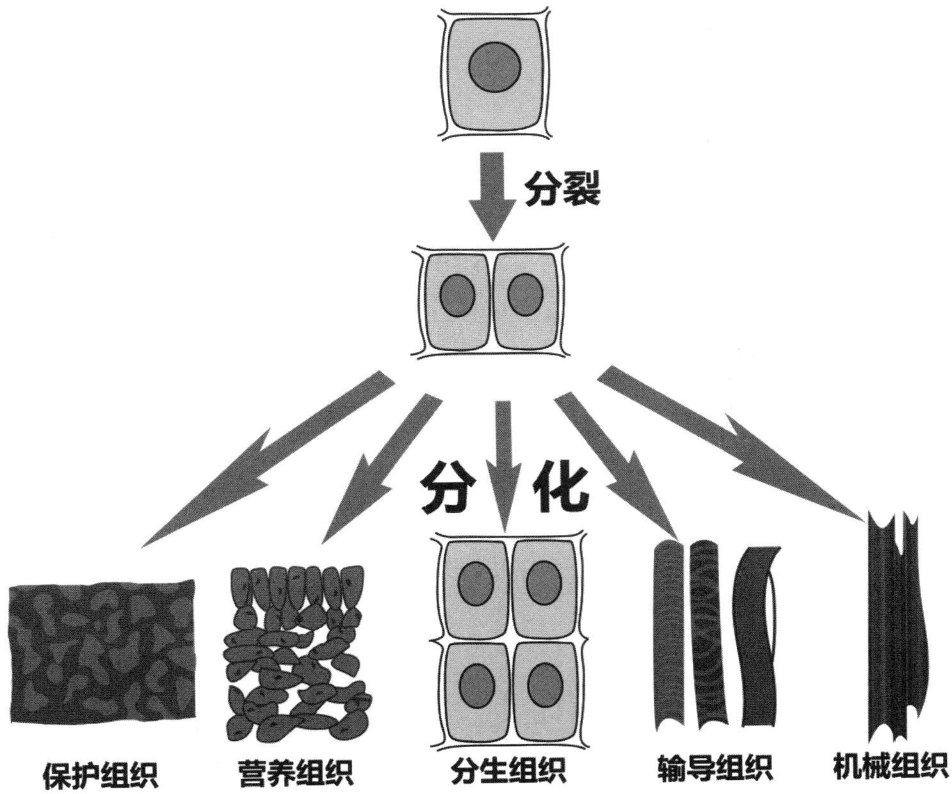

细胞分化图

其实细胞的确不知道自己应该长成什么样，但也不需要知道，因为细胞分化并不是一次封闭的自决行为，而是一套交互的开放过程，它们所处的位置决定了分化的方向。

从受精卵开始，状态不同的细胞就能合成不同的信息物质，扩散到细胞周围或者镶嵌在细胞表面，这令生物体内的信息物质处处不同；同时，每个细胞表面都有丰富的受体，不同的种类和浓度的信息物质能够触发细胞内不同的信号传导，进而关闭或打开不同的基因，最终令不同位置的细胞分化成不同的形态。

这个过程看似盲目，实则高度精确。这首先是因为每一种受体蛋白都高度专一，只能识别特定的信息物质或标记物质；其次是因为细胞内的信号传导需要层层递进，对基因表达的调控非常精准；最后，信息物质不是一次释放完成，而是随着每一个细胞的每一次变化不断反馈和改变，细胞得以循序渐进地校对自己的状态，直到分化完成。这整个过程统合起来，就是发育生物学的分子机制了。

既然这种由粗到细的反馈过程可以达到相当高的精度，那么昆虫产生复杂的拟态就不需要任何自觉，更不需要任何素描基础，每一个细胞都只是根据各种信息物质的浓度按部就班地分化罢了。这就排除了那种“生物将自己的意志作用于进化”的胡思乱想。

但要理解这些图案的进化来源，还有一个新的困惑摆在面前：如果自然选择的压力足以让昆虫进化出那样精致的拟态，也就意味着捕食者具有相当敏锐的识别能力。既然生物的发育过程如此的精确稳定，那么如果最初的图案完全没有拟态功能，那么即便发生了一点变化也于事无补，又怎么能被自然选择相中，积累起来呢？

产生这种困惑的主要原因是公众普遍认为“随机突变”都是“细微的变化”，绝大多数的基因突变也的确符合这种认识，但仍然有很多例外的情况，能令基因层面的微小突变在宏观层面产生显著的变化。

为了理解这个佯谬，我们需要引入一个名为“细胞自动机”的数学模型，它由“计算机之父”冯·诺依曼于20世纪50年代提出，本质上也是一种计算机，但与我们现在通用的寄存器计算机截然不同。它没有任何读写操作，就是在平面上画出许多一样的方格，所有方格都根据周围方格的颜色，按照一套统一的变色规则在每个回合里同时变色。计算的数据被转化成图案输入给它，它在若干回合之后仍以图案的形式返回运算结果。某些规则的细胞计算机由此可以实现通用计算机的功能。

冯·诺依曼构思这种计算机最初仅仅是从细胞复制中得到了灵感，但随着人们越来越了解生物现象的分子机制，我们发现多细胞生物当真是一部庞大而又复杂的“细胞自动机”，所有细胞都有相同的基因组，互相传递和反馈信息，并据此有选择地表达基因，实现复杂有序的宏观功能。理论逐渐上升为实践，在当代的神经学、发育学、行为学等研究中，根据细胞自动机的原理，用超级计算机模拟活组织的行为是一项重要而有效的手段。

回到生物图案上，受精卵的极性就是初始图案，细胞内的基因组就是图案生成的变化规则。正如细胞自动机中一点微小变化就能产生截然不同的运算结果一样，某些与图案相关的基因突变也能在发育中不断放大，显著改变生物图案的外观。

所以，同一个物种会因为不同的基因型而表现出不同的图案，常见的是各种蛙类和甲虫。这样的基因对自然选择格外敏感，因为它使基因层面的微小变化放大为图案层面的显著变化，当然也就大幅提高了自然选择的效率，让拟态的进化格外迅速。很多同属的昆虫基因组极其类似，但是外表差异非常明显，就是因为少数几个突变改变了全局的图案输出，最终影响了它们拟态的能力。比如多见于中国南方的铃钩蛾属，它们常常拟态成鸟粪。而最著名的例子当属英国的桦尺蠖：在19世纪以前，所有的桦尺蠖都是带有黑斑的灰白色，绝妙地模仿了桦树皮的材质。但随着工业革命推进，树皮都被煤烟染成了黑色，桦尺蠖原本的伪装不再有效。直到1848年，人们首次记录到纯黑色桦尺蠖，于是在接下来的不到1个世纪的时间里，这种黑色桦尺蠖就成了绝对主流，重新避开了鸟类的法眼。

这个现象很早就受到了生物学家的关注，生物学家也很快用实验确定了变色的原因：单纯地将白色桦尺蠖置于黑色环境中并不能使它们变黑，只有引入黑色个体并不断杀死白色个体，才会在若干代之后让种群普遍变黑，这说明是“随机突变 + 自然选择”而不是“煤灰诱导”改变了桦尺蠖的颜色，但具体的遗传细节直到最近几年才有了眉目：一个转座子在与翅膀相关的基因中插入了重复序列。这在所有真核生物的基因组中都会频繁发生，但此次插入扩大了桦尺蠖的黑色素细胞分布范围，才在强大选择压力下成为主流。

此外，一个更加惊人的例子出现在袖蛱蝶属。近年，有人在狐眼袖蝶身上发现了一个超级基因，它包含了7个等位基因，对应着7种图案。这在昆虫的翅膀图案中也非常普遍，但超级基因形成的每种图案都能拟态苹绡蝶属中的某个物种。这是因为苹绡蝶属的蝴蝶取食茄科植物，体内富集了肝毒性的双吡咯烷；而狐眼袖蝶专吃西番莲科植物，体内富含细胞毒性的生氰糖苷。它们互相拟态可以让捕食者误食一种之后也厌恶另一种，增加警戒效果，这称为穆氏拟态，也就是这种基因脱颖而出的背后力量。

而该属的另外两个成员，诗神袖蝶和艺神袖蝶则互相拟态，它们各自有 5 种图案，并且一一对应，这表明超级基因在袖蛱蝶属的图案演化中并非特例。

在野外观察中，生物拟态的案例无穷无尽，我们还无法查明每一次拟态背后的基因机制，但总而言之，生物拟态不但丝毫没有超越进化的范畴，反而是进化论最典范的案例。人类对自然的认识会越来越深刻，“随机突变，自然选择；优胜劣汰，适者生存”也会展示出越来越多的惊人细节。

向日葵是怎样转头的

网上流传着一个有趣的笑话："其实我一直有个疑问，都说向日葵跟着太阳转，那么太阳从西边下去又从东边出来的时候，向日葵会怎么样，一个猛甩头？你想想，你漫游在向日葵丛里，在太阳即将升起时，几十万棵向日葵一个猛甩头，从此以后你被吓得生活不能自理。"看完这个笑话，有人就要问了：晚上向日葵真的会齐刷刷地转头吗？

这个答案其实非常简单：第二天太阳出来以后，向日葵才慢慢转回去，自然也就没有"唰地一回头"这种事。

想要解释这种现象，就得从任何生物现象背后都有的复杂的生化机制说起。初中生物介绍过，植物生长素的浓度控制着地上部分的向光性和地下部分的背光性，这种植物激素由分裂旺盛的组织产生，同时受光照影响在背光侧富集，让植物的向光侧和背光侧表现出不同的生长速度，发生定向弯曲。而植物不同部位的细胞对生长素的敏感程度不同，超过最适浓度的生长素反而抑制生长，所以植物的不同部位在光照下的弯曲方向也不相同。

甲

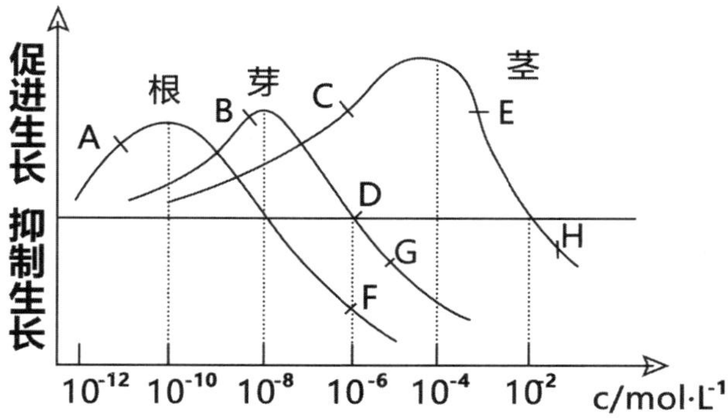

乙

复习过初中知识点，我们不难明白，植物只有生长点周围才能表现出明显的向光性，比如叶芽、花芽、根尖，所以“葵花朵朵向太阳”的现象也只有在向日葵初开的生长阶段才能看到，授粉完成开始结实之后，向日葵就再也不会跟着太阳转，而是受重力影响低下了头，但有观察者称，成熟的向日葵向东低头者偏多。

为了进一步地了解其背后机制，我们不妨涉猎一下生长素的生化作用机理。最常见的植物生长素是 3– 吲哚乙酸，具有低浓度时芳香如茉莉、高浓度时恶臭如大粪的奇特性质，现在人工合成的 1– 萘乙酸或者 3– 吲哚丁酸也有同样的作用，都是结构类似的羧基杂环化合物。

作为一种激素，与受体结合成复合物之后能发生一系列反应，主要包括两种：一种是与细胞膜上的蛋白质作用，向细胞膜外侧泵出更多的氢离子，过程较快，十分钟就有效果；另一种是激活或抑制特定的基因，影响细胞的发育命运，过程较缓慢。

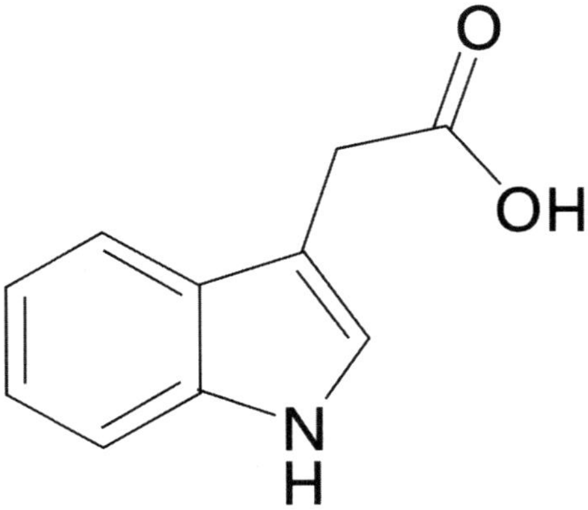

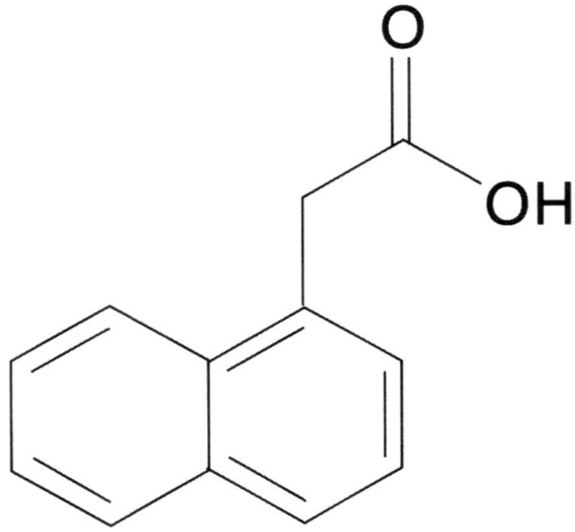

对于前者，我们知道氢离子的相对浓度越高溶液的酸性越强，而植物的细胞壁会随着酸性增强而软化，减弱了对细胞形状的约束，这些细胞吸水后在内部压力下扩张变大。特别的是，细胞膜上的载体蛋白只分布在背向生长点的一侧，同时受光照影响而迁移，这就让生长素总能精确地分布到远离生长点的背光侧，也只让那里的细胞壁酸化扩张，宏观上就表现成了向光性。

对于后者，生长素激活和抑制特定基因以后，在叶芽中可以促进细胞生长、叶片扩大、维管束分化，在花芽中可以让植物形成更多雌花、促进雌花子房壁形成，甚至在未受精的情况下单性结实，这对农业生产，尤其是水果种植有着重要意义，人工合成的1–萘乙酸等比天然的3–吲哚乙酸更加稳定，所以采用喷洒的外施方法即可见效。

然而这也在公众信任危机下滋生出了一系列恶意的谣言：大个水果、无籽水果都是打了激素的，会影响孩子发育，甚至有避孕药催熟的说法广泛流传。

这也都是初中生物忘干净的后遗症：激素是高度专一的调节物质，没有专门的受体就没有专门的功效。生长素与脊椎动物的生长激素（蛋白质）没有任何共性，对人体也没有任何影响，催熟水果用的乙烯与性成熟也不会有任何关系；同时动物激素对植物生长也没有任何功效。

为什么绝大多数海螺都向右旋转

在海边生活的人往往有过沙滩拾贝的乐趣，内陆长大的人也曾捉过雨后的蜗牛，于是有不少人都注意到，几乎所有的螺壳都向右旋转，左旋的极其罕见。这就是一个著名的“眼皮子底下的学术难题”，即动物左右轴向的进化问题。那么，为什么绝大多数海螺都向右旋转呢？

螺壳是一个静止的物体，并非真的存在左右运动，所以为了排除观察方向带来的分歧，软体动物研究中将螺壳的旋转方向定义为螺顶朝上、螺壳拂面朝向观察者时，螺壳开口所在的侧面方向：左边是左旋香螺，开口在左侧；右边是涡螺，开口在右侧。

根据目前的统计，软体动物门腹足纲，即各种螺、蜗牛、蛞蝓等，是全体生物中仅次于节肢动物门昆虫纲的第二大纲，有 6 万到 8 万个物种，约占全体动物界物种总数的 5%，但在已经记录的 3 万多个腹足纲动物中，左旋的只略多于一千种，其中左旋的海螺少于 2%，左旋的蜗牛略多，约有 5%。

对于这一强烈不平衡的现象，早期的观点认为螺壳的旋转方向与地球自转有关，但这个说法实在站不住脚，这是因为在螺壳这样小的尺度上，科里奥利力的微弱影响根本不足讨论，而且无论南半球还是北半球，都是右旋螺更多。

而在目前的解释中，我们更多地注意到螺壳旋向与繁殖之间的关系。例如，腹足纲的软体动物普遍采用侧面扭合的方式交换精子，不仅螺壳旋转，连同生殖系统在内的所有脏器也会一同旋转，集中在身体的一侧，所以就像螺丝和螺母那样，一只螺几乎只能和自己同样旋向的另一只螺交配。

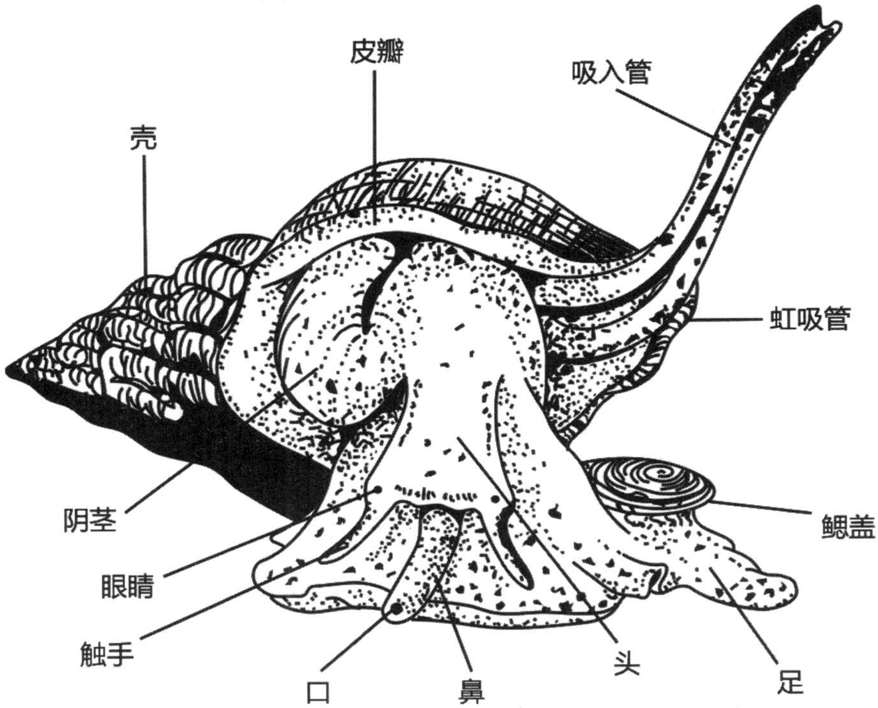

新腹足类的典型外观：生殖系统的开口全都集中在旋向一侧

这是一种有趣的现象，如此简单的性状如果能直接影响繁殖，就一定会受到选择压力的影响：在一个螺类种群中，如果存在旋向变异的少数个体，其交配机会就将大大减少，进而被自然选择淘汰。这等效于一种非常强烈的性选择，最终实现了种群内部的“派系清洗”，同时也给螺壳旋向的最初来源提供了一种较清晰的假说：

腹足纲虽然庞大，但全部源自晚寒武纪的一个元祖种群，这个元祖种群在进化旋转的螺壳时，交配问题也日渐突出。“右旋派”和“左旋派”互相不能交配，却占据完全相同的生态位，这必然形成激烈的竞争，最后只有一方胜出。至于哪一方胜利，就是个随机问题了，就好像抛起的硬币必然以某一面落地，但是我们没有必要分析正面朝上的原因，如果再抛一次，也许就是背面朝上。

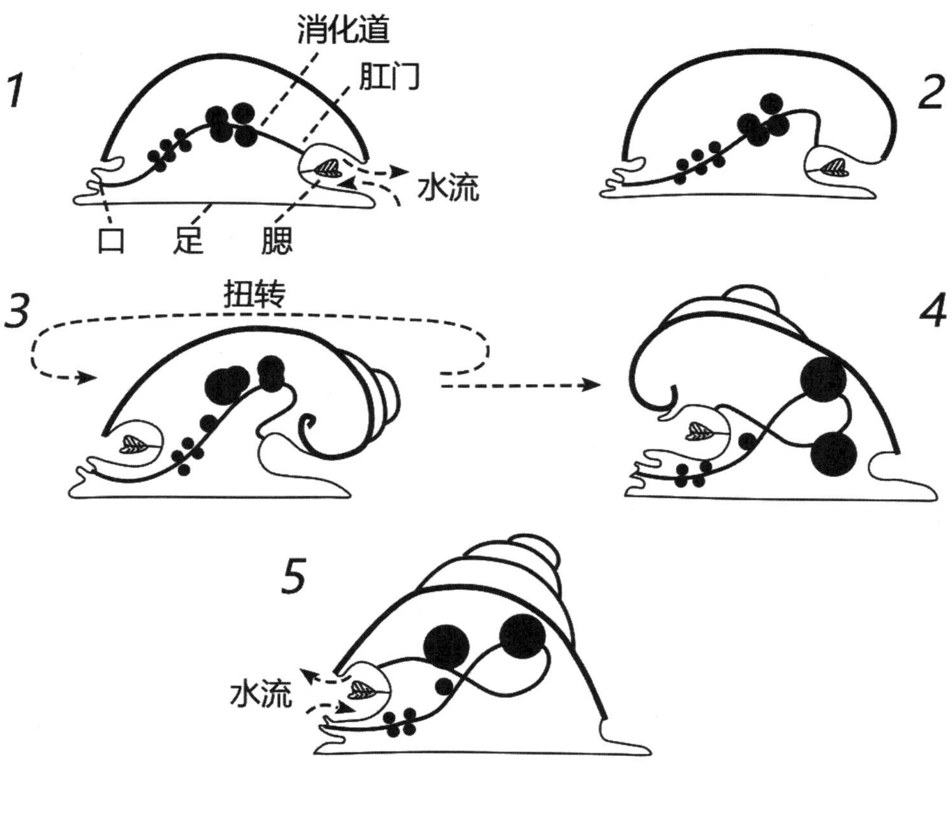

从目前的化石来看，腹足纲的进化历程还算清晰。有壳软体动物元祖趴在海底，随着体形增大，贝壳也逐渐隆起，这增加了倾倒或者被掠食者翻过来的危险，于是那些贝壳生长不均匀，盘成螺旋的个体反而幸存下来。此后的进化逐渐增强这种适应性，所有软组织都不对称了。

而这种派系纷争一旦决出胜负，就会千秋万代地保留下来，因为这种偏向在每一次繁殖中都能得到强化，所以“右旋派”直到今天都是主流，只有在那些极小的种群中，“左旋派”才可能因为随机突变局部翻盘，进而建立一个新物种。如果这种假说正确，我们很可能会发现左旋螺的基因多样性远远低于右旋螺。

但这也引发了另一种争议：某些罕见物种既有左旋的也有右旋的，它们通常不能交配，也就意味着它们存在着生殖隔离，那么是否意味着它们是两个物种？进一步地，那些右旋物种中的左旋突变个体，是否也要成为另一个物种？

到目前为止，针对它们的研究还未充分展开，我们甚至不大清楚同一个物种的两个旋向是否生活在同一个种群内。但有一种较合理的解释是，一个“物种”实际上意味着一个独立的“基因库”，如果旋向不同足以隔断两个群体的基因交流，那么它们就理应区分为两个物种；但那些零星的突变个体在组建起自己的基因库之前，就不能称为一个物种，而只能视为健康的畸形。

猫和狗的味觉怎样

可以说，我们身边的喵星人和汪星人，有的简直过着让人羡慕的生活：有专门的猫粮狗粮，还需要专门的“铲屎官”。也许你会说，猫和狗也太矫情了，还要有专门的猫粮狗粮，跟人吃一样的不就行了吗？那你有没有想过，同一碗饭，在猫和狗那里是什么味道？这可不是一个无聊的问题，动物的味觉是非常重大的适应性问题，在宏观进化上有着举足轻重的地位；同时，这类变化又单纯地发生在分子层面，是理解微观进化和宏观进化的良好样本。

具体来讲，脊椎动物从两栖类开始就进化出了“味蕾”，它们是味觉识别的基本单元，分布在舌头、上颚乃至咽喉局部，尤其人类是个中翘楚，肥大的舌头上分布着 9000 多个味蕾，在哺乳动物中首屈一指。

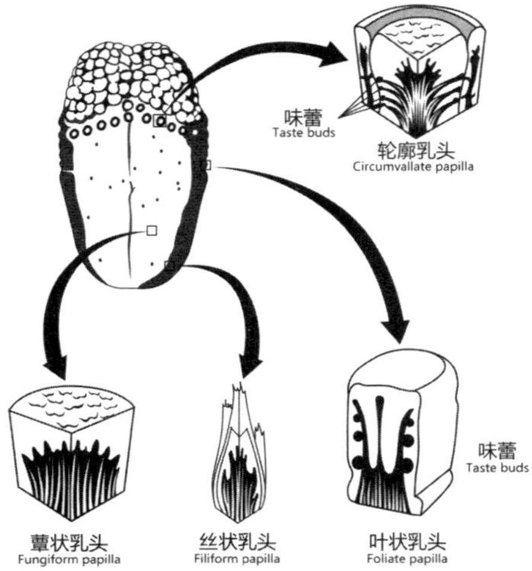

以人为例，舌头上分布着四种基本类型的乳头，除了丝状乳头以外，周围都有味蕾分布

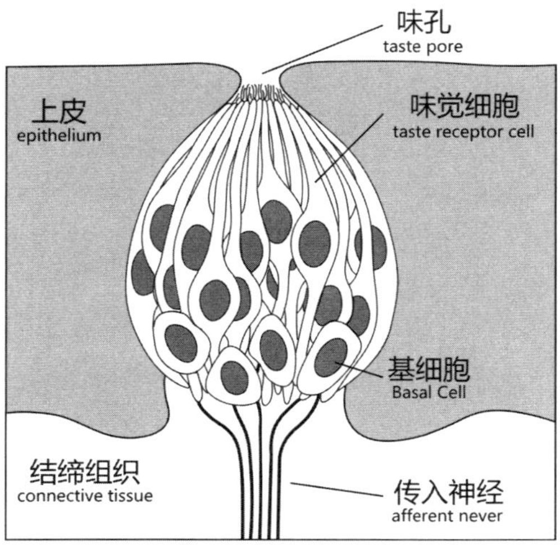

一个完整的味蕾

味蕾非常像蒜头，由很多梭状的味觉细胞集结成团，埋在口腔上皮的浅表处，并通过味孔与口腔沟通。这些味觉细胞表面带有不同的受体，每一种都专门负责一种味觉，综合起来，每个味蕾都能分辨所有的味觉。进一步地，我们根据功能将味觉细胞分成了三种：

第一种由胶质细胞特化而来，它们表面含有很多钠钾离子泵，用来排除另外两种细胞在神经冲动中释放的钾离子，同时钠离子是咸味的主要成因，所以它们也与咸味有关，但具体机制尚不明了。

第二种是接受细胞，它们的细胞膜表面镶嵌了很多 G 蛋白偶联受体，这些受体在细胞外侧暴露的部分能特异性地与某些物质结合，同时在细胞内侧激活一系列信号通路，最终改变细胞的状态。接受细胞在结合甜味、鲜味和苦味物质后，最终会泵出许多 ATP（三磷酸腺苷），并发起一个动作电位。

第三种细胞是前突触细胞，它们被接受细胞释放的 ATP 激活，并释放出 5 羟色胺抑制接受细胞，同时，水合氢离子可以直接作用于前突触细胞，并形成动作电位，产生酸味。

在这三类味觉细胞中，接受细胞是最关键的一种，因为镶嵌在细胞表面的 G 蛋白偶联受体相当多变，它们暴露的部分就像锁芯一样，可以因不同的构型而匹配不同的物质。除了味蕾中的接受细胞，G 蛋白偶联受体也广泛分布在真核生物的其他部位，是激素、生物胺、趋化因子、神经递质、引发嗅觉的气味分子等信号分子最常见的受体，以至于 40% 的现代药物都把它们当作靶点。

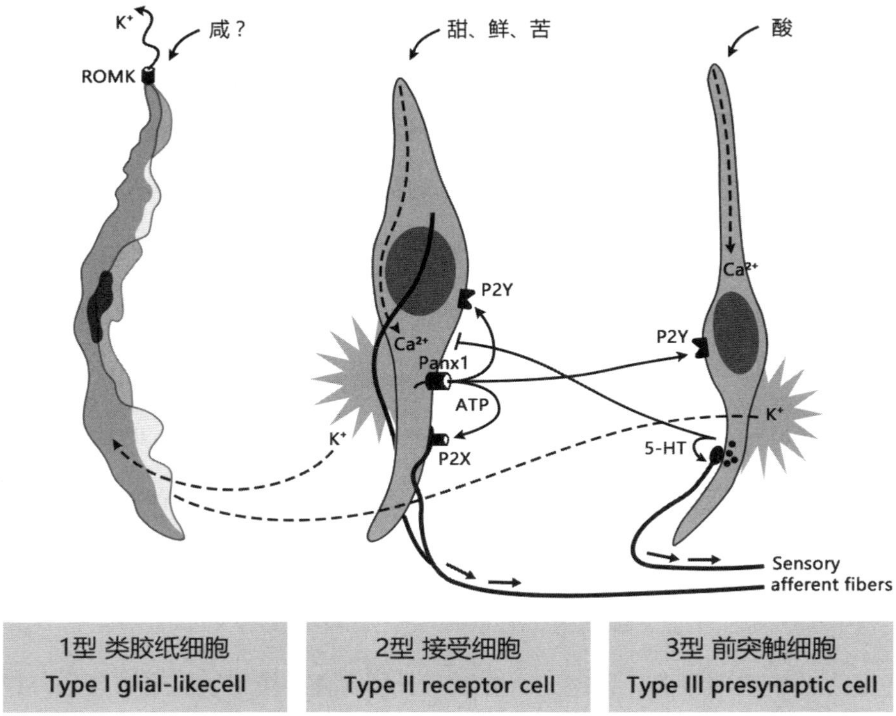

目前研究确定的三种味觉感受细胞

G 蛋白偶联受体的专一性和多样性意味着它们更容易受基因突变影响，最终改变动物的宏观行为：除了酸和咸这两种味觉普遍出现在所有哺乳动物身上以外，甜、鲜和苦等味觉会随着 G 蛋白偶联受体的变化在不同的脊椎动物身上产生强烈的差异。总的来说，动物能尝到什么味道，与它能吃到什么物质高度吻合。

就拿猫来说，它们的味蕾与人类的非常类似，但在基因比对中，我们发现它们的鲜味受体基因比人类少了 247 对碱基，而碱基负责编码感受甜味的 G 蛋白偶联受体，所以猫对甜味几乎无感——的确，猫科动物都是单纯的肉食动物，对果实不感兴趣，也缺乏消化植物的能力；而对于肉中常见的氨基酸和脂肪，猫科动物的味觉都算正常。

但另一方面，猫只有不到 500 个味蕾，所以相同的食物在猫嘴里既没有甜味也更加寡淡，所以它们更倾向于用嗅觉来判断食物好吃不好吃，尤其是肉中的脂肪香味，这就是为什么猫尝不出甜味却很喜欢吃冰激凌的原因，冰激凌在它们嘴里和一大坨肥肉味道类似。

而狗作为人类最古老的伙伴，最大的原因就是它们也是杂食动物，能与人类吃到一处去，它们的味觉与人类没有明显差别，但只有 1500 个味蕾，所以像猫一样，它们更倾向于用鼻子推断食物的味道，那里的 G 蛋白偶联受体更多。

味觉除了辨认食物成分，还有奖励或惩罚进食行为的功能。某种味觉信号对人类来说非常讨厌，但对狗来说可能就是另外一回事儿：狗的狼祖先在食物短缺时能顶风闻出 3 千米之外的尸体，并且为腐肉中已经分解的氨基酸感到兴奋。某些在人类看来是恶臭朽烂不堪的东西，对狗来说却是别有风味的鲜美小吃。

另外还有一些非常经典的动物味觉案例，都与 G 蛋白偶联受体有关，比如啮齿动物，尤其是鼠科的成员，有一些特殊的偶联受体能感受到淀粉的味道，这与它们爱吃植物的根茎和种子密切相关。相比之下，人类的祖先在树上摘取果实，因此对单糖和双糖更加敏感，对淀粉就很无知。

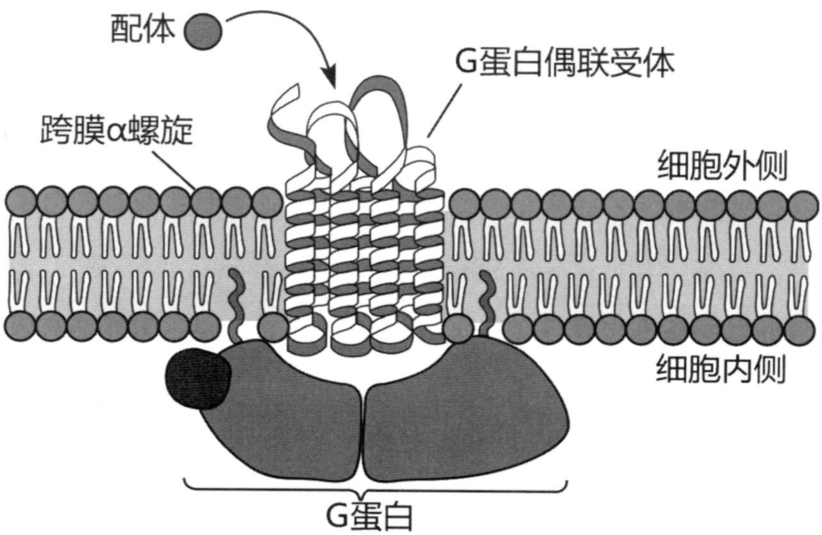

更著名的是大熊猫，与其他食肉目的哺乳动物相比，它的鲜味受体基因发生了两个移位突变，失去了对谷氨酸的味觉，而谷氨酸正是肉食鲜味的主要来源，所以大熊猫身为肉食动物却不爱吃肉——而且这一基因突变大约发生在 420 万年前，而化石证据表明大熊猫从 700 万年前就开始吃竹子，这意味着大熊猫的食性转变要早于基因突变，也就是说在长达 200 多万年的时间里，大熊猫的祖先都怀着对肉食的渴望咀嚼着味道清淡的竹子。

所以，味觉的演化虽然与动物的宏观适应性密不可分，但未必就是适应性的原因，而更可能是适应性的结果：哺乳动物的食性具有相当高的后天可塑性，它们可能因为饥饿等原因尝试不曾接触过的食物，如果这种尝试提高了它们的存活率，后续的味觉突变就会用奖励或惩罚强化这种选择，让它们逐渐适应一个新的生态位，就像啮齿动物的淀粉味觉那样；与此同时，无用的味觉会堆积有害突变，最终失效，就像猫的甜味觉和大熊猫的鲜味觉那样。

最后再举一个不幸的例子：和绝大多数感官一样，鲸类的味觉在哺乳动物中最迟钝，它们在 5300 万到 3600 万年前之间失去了咸以外的所有味觉，甚至包括用来甄别毒性的苦味觉，这可能是由于它们习惯整吞，缺乏咀嚼辨认的机会，也可能是咽喉的触觉是它们主要的进食奖励。但随着人类活动加剧，石油泄漏和海水富营养化都能产生许多毒性强烈的环境和食物，迁徙中的鲸不能用苦味分辨其中的威胁，常常误食，死于非命。

为什么哺乳动物很少有毒

即便对生物缺乏了解的人也能说出许多有毒的脊椎动物，但是说起有毒的哺乳动物，几乎就没有人能回答上来了。这倒不是因为人们孤陋寡闻，而是因为在已知的 5000 多种哺乳动物中，真正有毒的不超过 10 种，而且大都位于相对边缘的支系上，这是一个很值得思考的现象。

在所有用毒素进攻的哺乳动物中，最重要的谱系是“真无盲肠类”。这个类群地位未定，包括许多前食虫目的成员，其中有多个物种都长有相似的毒牙，比如鼩鼱科的北短尾鼩和南欧水鼩，鼹科的欧洲鼹鼠，以及沟齿鼩科的 4 个物种。

以具有代表性的沟齿鼩来说，它们生活在古巴和海地，体长只有 30 厘米左右，但在当地已经算得上巨大。“沟齿”指的是在两颗尖利的下门牙背侧有一沟槽通往颌下腺，其中的唾液含有神经毒素，可以使较大的猎物瘫痪，这让它们除了昆虫以外还能猎食体形更大的青蛙和蜥蜴。

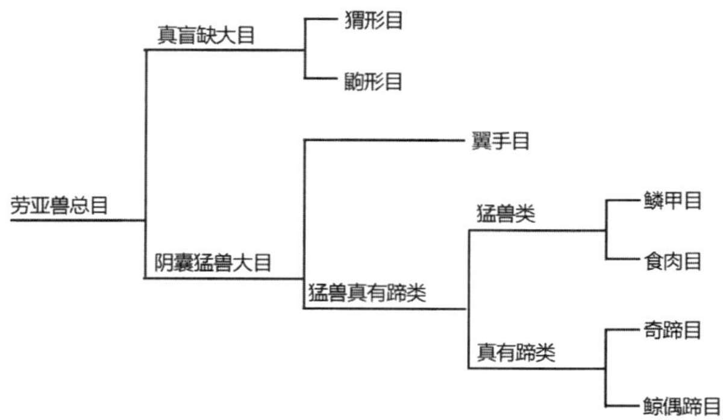

根据基因比对，真无盲肠类（图标中为真盲缺大目）与哺乳动物中关系较近的类群的演化关系

真无盲肠类其他几个有毒物种也有类似的特点：门牙有槽或凹，唾液有毒，可以麻痹体形较大的猎物，北短尾鼩甚至能捕捉比自己还大的老鼠，这在进化学上具有鲜明的标本价值。

真无盲肠类是哺乳动物中相当古老的类群，仍然以沟齿鼩为例，它们大约在 7800 万年前的白垩纪就已经和其他哺乳动物类群区分开来，与世隔绝地生活在加勒比海的孤岛上，保留了很多古老的性状——早期哺乳动物的化石中的确有许多类似的沟槽牙，这暗示着哺乳动物一度和其他脊椎动物一样善于用毒，但现存物种普遍放弃了这一能力，只在某些边缘和古老的类群中保留了下来。

对于这种变化，比较普遍的解释是作为恒温动物，哺乳动物具有相当高的新陈代谢速率，因为早期物种体形较小，很难捕食较大的猎物，用毒就可以一次获得很多食物，增强了适应性。

但随着哺乳动物在新生代成为地球的主宰，体形越来越大，毒液就显得越来越难用了：积累毒液需要时间，毒液发作也需要时间，而且猎物越大需要的毒液越多，等待的时间也越长。科摩多巨蜥作为最大的有毒生物，捕猎一次可能需要追踪猎物几个星期，但几乎没有任何哺乳动物能承受同样的等待。

所以总的来说，当目标体形较小、运动较慢的时候，用毒液攻击可能是一种不错的策略，但对于体形更大，速度更快的猎物来说，毒液就显得得不偿失了，而后者才是哺乳动物的生活常态。

好在更快的新陈代谢和发达的神经系统也带来了强大的力量和敏捷的反应，格斗是一种更加有效的掠食技能，毒液彻底成为累赘的性状，被进化抛弃了——作为佐证，毒蛇往往捕获小型猎物，而捕获大型猎物的蟒蛇就采用暴力挤压，没有毒牙。

除了毒牙，有些哺乳动物还有一种特殊的“毒距”，现代仅存的例子是鸭嘴兽。它们无论雌雄，在出生时根骨（就是足跟那块骨头）都有一根特化的距，状如利爪，但只有雄性成年以后仍能保持这个结构，并且相当有力，可以承受自己的体重。

每年 6 月到 10 月是鸭嘴兽繁殖的季节，一个与这根大刺相连的肾状毒腺就会活跃起来，让雄性鸭嘴兽暂时拥有注射毒液的能力。它们每次排出的几毫升毒液中包括了至少 19 种多肽，又可以分为 3 类：防御素类多肽，源自脊椎动物免疫系统普遍存在的抗微生物多肽，可以嵌入细胞的膜系统，使其破裂；C 型利尿钠肽，这种物质与体液平衡有关，可以引发血管舒张和血压降低；

神经生长因子，除了与神经元的生长和生存有关，还控制胰岛与免疫系统的活动。

毒距同样有着古老的渊源，哺乳型巨齿兽生活在1.65亿年前的中侏罗纪，是现存所有哺乳动物祖先的旁系，它们的后足上就有一根毒距；张和兽生活在1.25亿年前的早白垩纪，是有袋类和胎盘类最后一个共同祖先的旁系，它们的后足化石上也有一根明确的毒距，和鸭嘴兽一样。

这在很大程度上暗示了毒距曾经是早期哺乳动物的普遍性状，但有袋类和胎盘类并没有延续这个性状，其中的原因尚不明确，这可能与四肢结构有关——大部分中生代哺乳动物的运动方式都接近匍匐，后肢可以向后环抱，鸭嘴兽仍然保留这样的髋关节，但有袋类和胎盘类的四肢垂直于地面，这使得后肢足跟不再容易刺向敌人；抑或只是巧合——袋鼠和我们的共同祖先刚好是缺乏毒距的那一群，所以后代也都缺乏这个性状。

在注射之外，用毒还有另外一种方法，即在组织内或皮肤中积累大量毒素，让捕食者吃一堑长一智，就像河豚或者箭毒蛙那样。这是一种纯粹的消极防御，在现存哺乳动物中并不真正存在，但有几个争议性的例子。

原猴亚目懒猴科的懒猴属在灵长目中相当基底，它们在腕部有特化的汗腺，可以分泌引起过敏反应的分泌球蛋白，也有一些挥发性物质。懒猴平时舔舐这个腺体，沾在梳子似的下门牙上，并用来梳理自己和孩子的毛发，所以咬它们或者被它们咬都可能引发过敏和剧痛。但不幸地是它们生活在东南亚，承受着栖息地破坏、传统医学药用捕猎和宠物贸易的三重致命威胁，现已濒临灭绝。

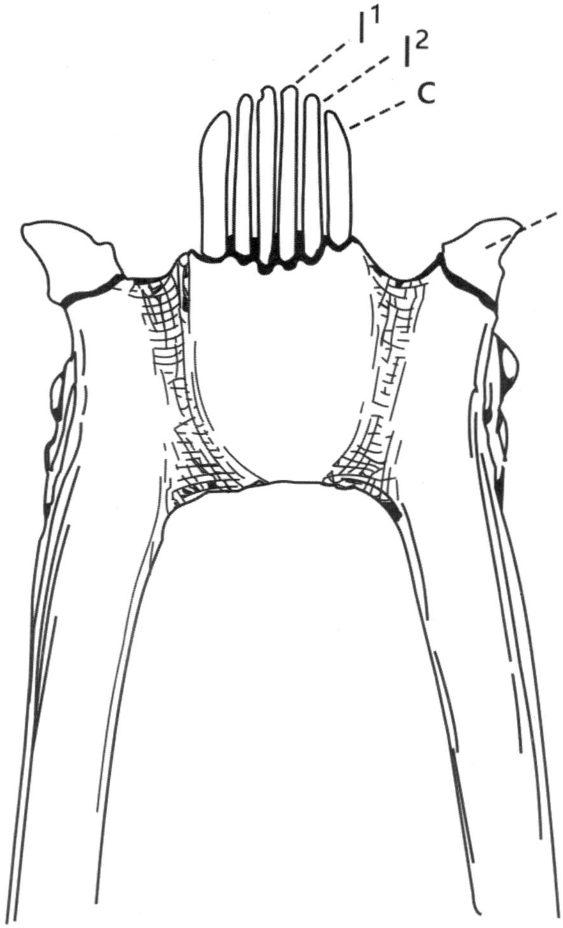

原猴亚目普遍有梳状的下门齿，用来梳理毛发

另两个更有争议的例子是刺猬和非洲冠鼠。刺猬也是真无盲肠类的成员，本身缺乏毒素，但是经常杀死蟾蜍，用蟾蜍的毒素涂抹自己的针刺。啮齿目的非洲冠鼠则会咀嚼夹竹桃的树皮，将其剧毒的汁液涂在自己的毛发上，这

部分区域还被白色的毛发标注出来，警示捕食者。

毒素无法被化石保存，但仍然可以推测，现代哺乳动物不在体内积累毒素与它们缺乏毒牙的原因类似，灵活的肌肉和发达的神经系统已经让哺乳动物拥有了足够的防御策略。

而且脊椎动物在组织内积累的毒素通常无法自身合成，无论河豚、箭毒蛙还是蝾螈，毒素都来自食物富集，这不但会提高代谢成本，还会限制它们的取食范围，对新陈代谢旺盛的哺乳动物来说得不偿失。

最后，哺乳动物虽然缺乏毒液和毒刺，但空前地“发明”了毒气，大多数哺乳动物都有肛门腺，用来润滑直肠，而食肉目鼬科和臭鼬科的肛门腺格外发达，其油状分泌物中含有许多低分子量的硫醇类物质，遇到危险就像喷雾一样释放出来，营造出昏天黑地的恶臭环境，并足以让捕食者暂时失明。

这种策略在其他几种运动缓慢的哺乳动物身上也同样生效，比如穿山甲和大长鼻犰狳。相比笨拙地积累大量毒素，少量高效的招数才更能体现出哺乳动物的睿智狡猾。

蛤蟆真的能冬眠一百万年吗

1733 年，两名瑞典哥特兰的采石工人在矿坑中破开一块砂岩，其中竟然匍匐着一只灰黑色的蛤蟆，蛤蟆双目紧闭，仿佛是在昏睡，对外界的刺激反应微弱。监工格拉贝格观察了很久，终于失掉耐心，一铲子拍死了它，工人只好把那具小小的尸体扔进了垃圾堆。

但是当天下午，格拉贝格却懊恼地反省自己“屠戮了一个神奇的生命，它可能在那囚牢里生活了几百年”。然后，他把那只被拍扁的死蛤蟆送到斯德哥尔摩，访问了多个学者，最后把它保存在阿克洛城堡的小博物馆中，直到 1760 年才不知所踪了。

当然，这并不是个例。根据英国的《奇异时代》杂志在 2007 年的统计，从 16 世纪开始，从旧大陆的欧洲到新世界的北美，西方各国至少有 210 起此类报告。可是，蛤蟆真的能冬眠这么长时间吗？

在今天看来，这块包裹蛤蟆的砂岩距离地表 3 米深，属于志留纪的哈姆拉构造，距今 4.2 亿— 4.4 亿年，当时的地球与今天相比面目全非，不但两栖动物没有进化出来，就连欧洲大陆也位于南半球的赤道附近。如果那只蛤蟆是在砂岩沉积的时候埋进去并存活至今，那么不止进化论，整个生物学都要被重建了，好在这不是真的。

首先，没有任何证据能证明蛤蟆真的曾被密封在石头里，甚至没有可信的岩石碎片。如此的无稽之谈无法成为主流科学的议题，即便是在生物学尚未建立的 1733 年，格拉贝格在哥本哈根的博物学者那里也没有得到任何积极的回应，唯一有耐心的学者也只将它当作一个误会，讨论了蛤蟆在什么样的情况下会被困在石头的缝隙当中。

不但如此，“石中蛙”就是一个典型的都市传闻：最初只是几个零星罕见的报道，但随着媒体发展和受众关注，见证者激增起来，事情也越闹越大；待到热潮消退，见证者又迅速减少了，好像这件事从来没有发生过。

其实，这种说法的出现，与当时的社会背景有很大的关系。在维多利亚时代的英国，随着产业革命深化，大都会和中产阶级催生了旺盛的娱乐需求，马戏团、魔术师、幻想小说都繁荣起来，煤炭和钢铁的需求又让地质学成为英国的热门学科。竟然有一大批不正规的地质学手册都提到地层中不但有生物化石，还有蛤蟆封在里面，引得媒体也“见得风，是得雨”，想要搞些大新闻了。比如 1862 年的伦敦国际展览会上出现了一块发掘自地下 90 米的煤炭，矿工在里面放了一只蛤蟆，说是有上百万岁。此举激怒了当时的动物学家巴克兰（1826—1880），伦敦当局在他投诉后也果断撤下了这一展品。

最滑稽的是 1856 年《伦敦新闻画报》宣称，法国在建的地铁隧道挖开了侏罗纪的石灰岩层，竟有一只翼展达 3 米的翼手龙飞了出来，这出石中蛙与恐龙热结合起来的闹剧在宣传上出了偏差，却没有人担责任，直到今天还有人信以为真。20 世纪后，随着新的媒体和娱乐的出现石中蛙越来越罕见了，从 20 世纪 80 年代以后几乎再也没有报道过。

除了发现的时间有迹可循，发现者也值得一提：他们无一例外地都没有地质学背景，石中蛙都是意外收获；那些古生物学和地质学的学者们年复一年地在野外勘探，敲开石块，反倒没有发现任何石中蛙。

当然，主流学界对此也并非完全无动于衷，从 19 世纪初就开始了有针对性的实验。最直接的是观察蛤蟆封在石头里究竟能活多久：把实验动物用石模封闭后埋在地下，一年后绝大多数都已腐烂，但的确仍有个别存活的个体，尤其是用多孔的石灰岩封闭时，存活率会更高一些；但是继续封闭到第二年，就绝无生还了。也就是说，我们不能认同蛤蟆能在石头里活那么久，不管它们当初是如何进去的。

另外，石中蛙也未必全是恶意造谣，有很多情况都能引发“蛤蟆在石头里活了很久”的误会，比如冬眠的蛤蟆躲进石缝深处被人挖出来，或者石头破开的时候恰好有蛤蟆跳过来。但还有一种情况会真的形成石中蛙：蛤蟆喜欢钻到缝隙里躲避白天的日照和危险，有时就会钻进岩石的空穴中。这样的空穴如果位置恰当，就可能有积存雨水，并有昆虫等不断钻入，蛤蟆不需要离开空穴就能吃好喝好，延续生命，于是定居下来，最后长得比洞口还大，就真的出不去了。

这样的情形在城市下水道附近浇筑的混凝土块里非常多见，那里不但常有水源，而且非常吸引地面昆虫，蛤蟆在里面可能长得很大。所以随着古老的“石中蛙”渐渐被人遗忘，“混凝土里的蛤蟆”却给新世纪的路面维修工人带来很多离奇的人生经验。

真的有“脸盲症”这种病吗

随着科学技术的不断进步，我们身边也出现了很多“后天美女”。这些后天美女都有一个共同特点：大眼睛，尖下巴。乍一看上去，个个长得都一样，很难分辨出来。于是，有人就会觉得自己得了“脸盲症”。但是，真的有“脸盲症”这种病吗？

想要回答这个问题，首先看“脸盲症”说的是什么。如果只是说“经常记不住别人的长相”，那不过是戏称罢了，说多了还显得矫情；只有真的严重到认不出谁是亲妈才是病理意义上的脸盲症，其正式称为“面部辨识能力缺乏”，在表现上又可以分为两种：

一种是统觉性脸盲，他们看人脸和看后背没有区别，无论熟悉还是陌生都不认识，甚至不能区分两张脸是否一样，但是可以从着装、发型、嗓音等特征上认出一个人——换句话说，他们觉得所有人的脸都抹平了；

另一种是组合性脸盲，他们能看出两张脸不一样，甚至能根据人脸判断年龄和性别，但是叫不上他的名字，想不起什么时候见过，也无法判断认不认识，严重者甚至看不出五官的位置是否正确。作为比较，我们可以耍一个“撒切尔效应”的小把戏：如下图所示，两张脸乍看上去没什么不妥，熟悉的人也能轻松认出他是谁，直到将图片正过来才会大吃一惊。

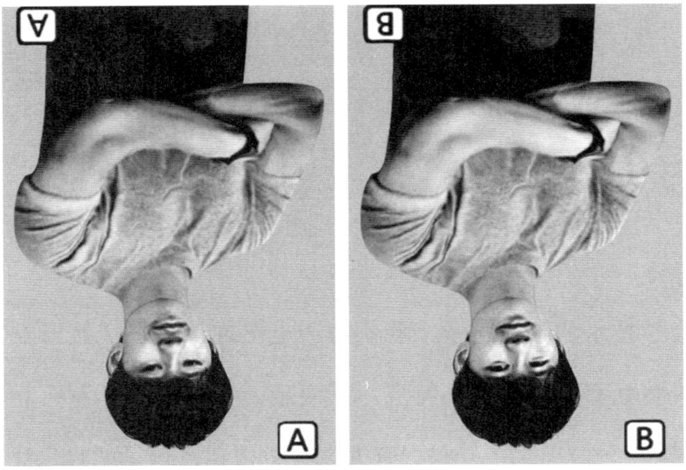

不出意外的话，你会发现 A 图的眼睛、嘴巴倒过来了，B 图中的才是正常的人脸，然而对于组合性脸盲症患者来说，这两张脸怎么看都没什么区别。

为了了解这类怪病的成因，我们首先要知道，大脑的人脸识别大致分为两个阶段：

第一个阶段是识别面部结构，比如鼻子、眼睛、嘴巴，并对每个结构做出特征识别，这部分功能主要由大脑的枕叶负责，颞上沟也参与其中；

第二个阶段是将这些结构统合为一个整体，包括双眼的距离、眼睛和鼻子的关系，最终认出人脸，它主要由大脑的梭状回负责，其中左侧梭状回主要负责熟悉面孔识别，右侧梭状回主要负责陌生面孔识别。

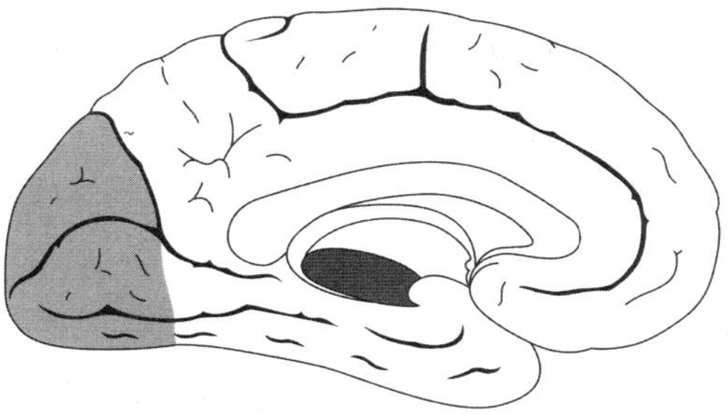

大脑左半球枕叶内侧，大约在后脑勺的位置，主要处理视觉信息，《还珠格格》中的紫薇就是因为伤及此处而失明

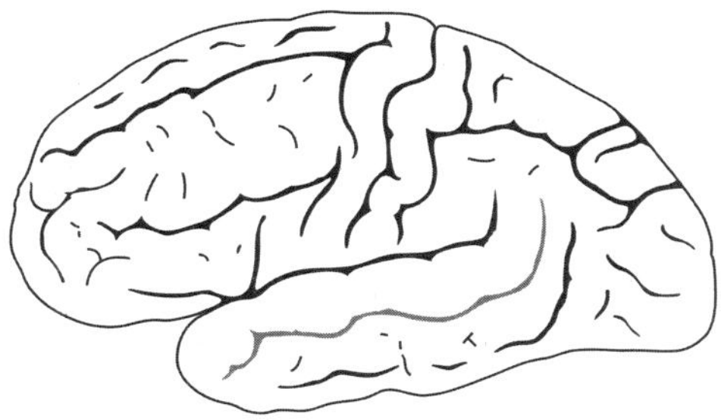

大脑左半球的颞上沟，这个结构主要负责识别声音或者图像中的信息是否有意义，比如是讲故事的声音还是用喉咙发出声音，是人脸在动还是篮球在动

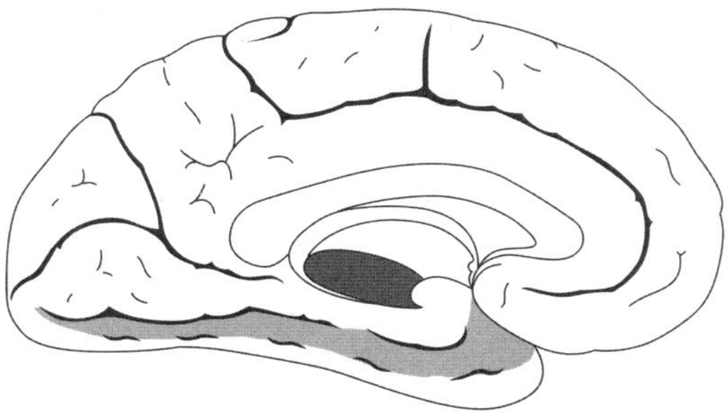

大脑左半球内侧的是梭状回，除了人脸识别，它还负责颜色识别、文字识别和分类辨识

对正常人来说，大脑的人脸识别功能非常强大，可以在茫茫人海中认出20年没见的同学。但对于上述两种脸盲症患者来说，统觉性脸盲症患者往往在枕下回或颞上沟受到了损伤，以致不能进行人脸的早期处理，所以看见了人脸也像没看见。

组合性脸盲症患者常常是梭状回受到了损伤，不能将看到的五官组合起来，也不能与记忆对应，人脸在他们眼中就像碎尸案的认领现场。另外，除了脑损伤，还有2.5%的患者是先天性的大脑发育异常，而且呈现出了家族聚集性，目前尚未定位具体的基因位点，但推测这是一种常染色体遗传。

至于治疗，很可惜，我们现在还无法治疗如此精细的大脑器质性损伤，只能训练患者更多地分析嗓音，观察肢体，尽量用其他特征代替人脸识别。

不过除了这样严重的脸盲症，我们的确经常能体会到这样一种人脸识别的困惑：外国人长得都一样，有时还能导致相当严重的后果。

这种现象同样有一个专门的称谓——“跨种族效应”，指人们总是更容易辨认自己种族的面孔，这个现象的研究始于1914年，迄今已经获得了不少收获。而最显著的一点是，跨种族效应在新生儿身上并不存在，而是在出生后的第一年逐渐表现出来的。

简单地说，给婴儿呈现一个人的照片，使婴儿认识他，然后将他的另一张照片与另外一个人的照片一起呈示给婴儿，通常来说，婴儿将会更长时间地注视陌生人的脸；如果注视的时间一样，则表明婴儿不能判断哪张脸是陌生人，也就是“脸盲”了——为了控制种族这个变量，每次参与比较的两张脸还必须来自同一种族。

于是在2007年的一项实验中，我们发现3个月大的中国婴儿对美国白人、中国人以及非洲人的面孔都能很好地识别；6个月大时能够识别中国人和美国白人，但不能识别非洲人的面孔；9个月大时只能识别中国人的面孔，不能识别美国白人和非洲人的面孔。

而在另外一些互相印证的实验中，我们还惊讶地发现，新生儿甚至能够轻易地辨认出猴子的脸，而与白人生活在一起的中国婴儿将始终保持对白人面孔的良好识别，这意味着“种族”概念既不是固定的，也不是先天的。换句话说，人类会在成长中逐渐失去对罕见面孔的辨认能力，而越来越专注地识别常见面孔。

对此现象也有很多种解释，一种相对传统的解释是从进化心理学出发，认为将人脸识别的范围缩小有助于提高群体认同，排斥异己，增强族群的凝聚力。但这种看法很难站得住脚，因为对任何一个族群来说，竞争最激烈的都是与自己同种族的相邻族群，而不是远在另一块大陆上的“外国人”。

而另一种更合理的解释是，作为一种典型的认知窄化现象，跨种族效应是大脑人脸识别系统过度拟合的结果，是为了提高信息处理的速度。

举个例子，如果给一个孩子很多飞鸟图片教他认识鸟类，他会渐渐地掌握“两只脚，长翅膀，有羽毛，嘴很硬”的是鸟，在判断企鹅时还要多琢磨一阵；但如果这些鸟类图片都是鸭子，这个孩子就会渐渐地确信“鸟还要有扁嘴、长脖子和蹼”，错误而迅速地将乌鸦和麻雀扫出鸟类的范畴。

同样，人脸识别系统如果长期适应于某些特有的面部特征，比如东亚人较小的眼睛，白种人较高的眼眶，非洲人较扁的鼻子，也会将自己调整得更加针对这些特征，而对超出这个范围的特征日渐迟钝，这会释放不需要的信息处理能力，提高关键信息的处理速度——只要没人拿一套新的鸟类图鉴问那个孩子，那么这个孩子永远都不需要知道猫头鹰也是鸟。

所以话说回来，这样的脸盲症其实很好“治疗”，只需多看看外国人，特别是有意识地提醒自己不要混淆，就能让人脸识别系统重新拟合，校准到恰当的程度上。

男人为什么长乳头

要说男人身上最没用的器官，很多人都会认为是乳头，因为男人的乳头似乎没有什么用，几乎是个摆设。但是，经过了千百万年的进化而留下来的乳头，真的只是个摆设吗？男人为什么长乳头呢？这其实是个古老的问题，然而大多数人只当它是个笑话，抖个机灵就完了，从来不曾认真对待，错失了一次了解“性别分化”的良机。

其实不仅男人，任何有胎盘的雄性哺乳动物都有乳头和乳腺，但这些乳头又真的没有任何实际功能，存在与否丝毫不会影响雄性动物的生存质量。这可能越发勾起人们的困惑，既然没用，为什么还要进化出来？

这就遭遇了一个相当常见的误解：生物在进化中获得了某个性状，并不意味着该性状能带来生存上的优势，因为一个基因总是关系着生物体不同层面的许多性状，只要这些性状总体上有利于物种延续，这个基因就会被自然选择青睐，很多看上去毫无意义的性状也就随着鸡犬升天了。

比如我们经常困惑于“人类为何没有浓密的体毛？”这个性状的确不能

带来明显的进化优势，但我们应该注意到，“缺乏体毛”是“幼态延续”的典型特征，而后者还赋予了人类巨大的头颅、漫长而适于学习的童年时期，这就足以被自然选择相中了。

雄性哺乳动物的乳头也是这样一种东西：这个性状是性别分化机制的副产物，对哺乳动物的生死存亡有着至关重要的作用，它也就躲进了自然选择的避风港，顺利延续下来了。

我们都知道胎生哺乳动物的性别由性染色体决定，XX 是雌性，XY 是雄性，这是因为 Y 染色体上的短臂末端存在着胎生哺乳动物唯一的性别决定基因，名为“Y 染色体性别决定区”（简称 SRY 基因），它控制着睾丸的发育；X 染色体上的对应基因是 SOX3 基因（与 SRY 同源的一种基因），与胚胎的大脑发育有关，所以只有 Y 染色体才是真正的性染色体，X 染色体与常染色体并没有质的区别，在性染色体异常的病例中，我们会发现无论有多少条 X 染色体，只要有 Y 染色体就会表现成男性。

另一方面，如果唯一的性别决定基因只关照雄性，那也就意味着胎生哺乳动物在胚胎发育中“默认”是雌性，就好比双色版画只使用一种墨水，那么必然有一种颜色是默认色，不需要涂任何墨水，只是这墨水并非在胚胎发育的第一时间就涂上去，人类的 SRY 基因要到胚胎发育的第 6 周乃至第 8 周才开始表达，已经足够让某些默认性别的性征表达出来，比如乳头和乳腺。

通常来说，男性个体的乳头和乳腺从此之后就不再有进一步的发育，只是随着身体有所长大；而女性胚胎没有 SRY 基因的力挽狂澜，乳头和乳腺会一路发育下去，为成年后的哺乳做好生理准备。

所以总的来说，并不是“男人为什么长乳头”，而是“男人为什么没有退化掉乳头”，这个答案我们已经知道了：男人的乳头实在太不起眼，存在与否不影响个体的生存质量。

当然，人类是一个特殊的物种，“生存质量”的外延要比一般物种大得多。乳头和乳腺偶尔也给男人带来某些烦恼，除了比较罕见的乳腺癌，“男性乳房发育症”要更加常见。

比如在青春期的时候，男孩子的雌性激素分泌量也会上升，偶尔会出现青春期乳房发育的症状；或者因为肥胖等因素睾酮分泌量下降，乳腺也会趁机发育，极端案例甚至有乳汁分泌，只是这些因素还不足以构成选择压力，在可以预见的进化前景里，男人仍将拥有乳头。

最后，随着乳头和乳腺一起出现的还有丰富的神经，能产生强烈的非条件反射，比如因情绪激动而晕厥，除了掐人中以外，使劲揪乳头也是常见手法。

为什么男人没有“阴道”

要说男人和女人的区别，还真是太多了。有些器官，男人和女人都有，但是它们的存在其实并没有很大的意义，比如上一篇文章中提到的乳头。而有些器官，却是男人和女人各自拥有的。比如说，女人有阴道，而男人没有，这是什么原因呢？

任何司空见惯、理所当然、不屑一顾的现象，一旦认真地追究起来，都会发现它们背后还有另一番天地，远非表面看上去的那么简单。

对于这个问题，笼统地说还是那句老生常谈，“一切生物问题都是进化问题”，而进化最主要的问题就是“如何用旧结构实现新功能”，阴道和尿道、肛门一样，都是身体内部通往外界的出口，而在陆生脊椎动物的鱼类祖先那里，尿道和性腺都开口在肠道末端，形成了一个消化、排泄、生殖三者共用的小腔，称为“泄殖腔”，在胚胎发育上非常节省材料。

在繁殖行为中，泄殖腔适用于体外授精，即双亲将生殖细胞一同排入海水，任其自由相遇。现代硬骨鱼仍然延续这种繁殖方式，但这是一件高度偶然的事情，很难保证繁殖的成功率。

在泥盆纪，鱼类逐渐成为海洋中的优势类群，发生了大范围的适应辐射，雄性鱼类也在繁殖竞争中出现了新的装备——越能将自己的泄殖腔凑近雌性的泄殖腔，就越能优先授精，获得越多的后代。那些泄殖腔周围有突起的雄性因此被自然选择相中，最晚到 3.8 亿年前，第一批能够体内授精的雄鱼出现了。

需要注意的是，有阴茎的小肢鱼并非我们的直系祖先，泥盆纪晚期登陆的脊椎动物并没有这样的构造，两栖类至今沿用着体外授精的方式。但随着脊椎动物在石炭纪向着内陆扩张，体外授精就成了巨大的阻碍：裸露的受精卵不能在干燥的环境中生存，没有稳定的水体就无法繁殖。

很显然，我们需要一根管子，这根管子大约出现于 3.2 亿年前，标志是一个称为“羊膜动物”的类群，包括了所有的爬行动物、鸟类和哺乳动物。通过体内授精让雌性产下带有羊膜的受精卵，给胚胎发育提供稳定的水环境，同时更加确定了后代的血统问题，给更加精细的哺育行为提供了可能，极大提高了后代的存活率，羊膜动物因此一步步统治了整个陆地生态系统。

但羊膜动物最初的阴茎仍然非常简陋，只是一条有沟槽的柱体，在未来进一步的演化中，羊膜动物的各个类群发展出不同的强化方式，或者退化了它。

人类生殖系统外观代表了哺乳动物纲真兽下纲的标准模式，同时也反演了相当多的进化历程：直到胚胎发育第四周，泄殖腔仍然完整存在；此后就在尿道和直肠之间出现一个“尿直肠隔”，将直肠从泄殖腔隔离出去，这在两性身上都一样，而且有巨大的现实意义：直肠内的排遗物对排泄系统和生殖系统都是强烈的感染隐患，最好彼此隔离开。

此时的排泄系统和生殖系统仍共同终止于一个“尿生殖窦”，而两性分化也从此开始：

在女性身上，尿直肠隔停止生长，生殖系统的开口下移到体表，以后发育为独立的阴道，便于分娩，这最终形成了尿道、阴道、肠道各自独立的外阴结构；在男性身上，尿直肠隔继续生长，并与尿道上方的生殖结节融合起来，最终形成了管状结构，但也把输精管埋在了深处，所以输精管必须借尿道通往体外，前列腺就位于两个管道的连接处。

另外，严密封装的管状结构延长了体外和体内的距离，有效降低了男性排泄系统和生殖系统的感染风险；女性为了分娩不得不缩短阴道，也因此付出了妇科感染频发的代价。

所以说，男人没有阴道是体内授精的副产品，为了形成阴茎而将生殖系统和排泄系统整体封装起来，但这也并非唯一的方式，后兽下纲（比如有袋类）和原兽亚纲（比如鸭嘴兽）没有演化出尿直肠隔，泄殖腔仍然存在，阴茎没有包皮，是生殖系统的专用通道。

人为什么要换牙

有人可能会对小时候的一个场景印象深刻：正津津有味地吃着苹果，只听见“咯嘣”一声，一颗牙掉了。于是，在接下来的一段时间里，就要一边忍受着说话漏风的痛苦，一边等着新牙齿长出来。也许有人就问了，人为什么要换牙呢?

其实，人类并不是唯一换牙的物种，所有长牙的脊椎动物都会换牙。但绝大多数哺乳动物都是“一换性齿”，即只有一套乳牙和一套恒牙；而其他脊椎动物都是“多换性齿”，能终生换牙。这就提醒我们，换牙的次数关系着进化因素，与生物适应性密切相关。

牙齿脱落并更换的能力是一组同源器官的共同特征。从起源上看，脊椎动物的牙齿演化自鱼类祖先的鳞片，这种鳞片并不是我们今日习以为常的鱼鳞，而是一种带髓腔的骨质结构。它的表面还常常覆盖着羟磷灰石构成的珐琅质，其解剖结构与牙齿无异，鲨鱼的鳞片至今仍保持这种结构。

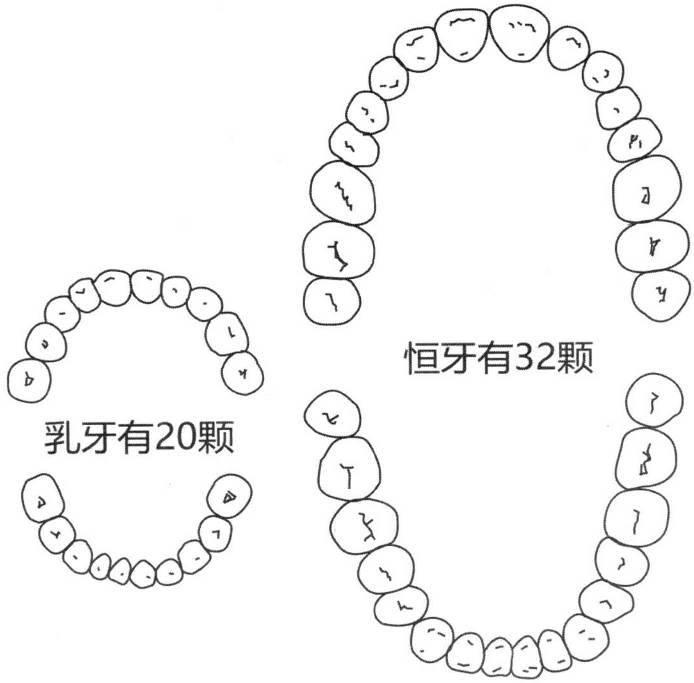

最晚从 4.1 亿年前开始，一些格外粗糙而坚硬的鳞片就移向了颌骨的咬合面上，并一步步演化为今天的牙齿。而在更晚的进化中，鳞片在陆生脊椎动物身上又演化成了毛发、羽毛、指甲甚至汗腺和乳腺。换言之，牙齿先天应当具有的脱落和再生能力，跟毛发、指甲是一致的。

不过，动物的换牙次数，与其在演化史上出现的晚近程度却是相反的，在我们看来进化等级越高的动物种类，换牙次数就越少。

例如，鲨鱼和一些爬行动物会很频繁地换牙。鳄类在未成年时每个月都会换牙，成年以后仍保持两年一换的速度持续更新，一辈子能长出 3000 多颗牙齿。从化石上看，肉食恐龙甚至在新牙尚未萌出时，就在新牙底下又形成了新牙的后备。

哺乳动物只换一次牙，这与环境适应历史有着密切的关系。我们演化自二叠纪的兽孔类，最初是一些小体形的肉食动物。巨大的生存压力使它们寿命短暂，因此换牙的能力无关紧要，就逐渐丢失了；另外，它们的牙齿形态却变得越来越丰富，得以进食多种多样的食物。

牙位	上颌		下颌	
	男性	女性	男性	女性
中切牙	6.5 ~ 8 岁	6 ~ 9 岁	6 ~ 7.5 岁	5 ~ 8.5 岁
侧切牙	7.5 ~ 10 岁	7 ~ 10 岁	6.5 ~ 8.5 岁	5.5 ~ 9 岁
尖牙	10 ~ 13 岁	9.5 ~ 12 岁	9.5 ~ 12 岁	8.5 ~ 11.5 岁
第一双尖牙	9 ~ 12 岁	9 ~ 12 岁	9.5 ~ 12.5 岁	9 ~ 12 岁
第二双尖牙	10 ~ 13 岁	9.5 ~ 12 岁	10 ~ 13 岁	9.5 ~ 13 岁
第一恒磨牙	6 ~ 7.5 岁	5.5 ~ 7.5 岁	6 ~ 7 岁	5 ~ 7 岁
第二恒磨牙	11.5 ~ 14 岁	11 ~ 14 岁	11 ~ 13.5 岁	10.5 ~ 13 岁

这种适应性演化到现代哺乳动物，已发挥到极其精细的分工程度：薄的门齿负责切割，尖的犬齿负责撕咬，钝的臼齿负责研磨，肉食动物的部分前臼齿还会特化成锋利的切齿，用来切断组织。丰富的牙齿形态让哺乳动物进食格外精细，减轻了消化负担，节省了体能，但多次换牙的能力却没有找回。

只有象类、海牛和袋鼠三类动物的臼齿例外。它们不断换牙的能力与食物严重磨损其臼齿相关：

为适应格外粗糙的热带植物，再加上象群高度依赖长者的经验，象类祖先的演化重新俘获了多换性齿的宝贵性状；海牛在海床上进食容易误食泥沙，牙齿磨损格外迅速，需要经常换牙；袋鼠吃的草大都富含仪二氧化硅晶体，也需要经常换牙。

不过，一般的哺乳动物从乳牙换到恒牙，却与磨损关系不大。以人类为例，实际上除了龋齿，我们从没见过孩子的乳牙有过显著的磨损。

真正迫切的换牙原因是人类的颅骨在成年以前会迅速增大，但牙齿不能增粗，如果继续保留乳牙，牙缝就会变宽，不但容易患龋齿和感染，孤立无援的单个牙齿也变得更易折断，把乳牙换成更大更多的恒牙就可以良好地解决这个问题了。

另外，哺乳动物也有不换的牙，比如兔子和啮齿动物的门牙：它们使用得太频繁，牙齿一旦脱落，生存就十分困难，所以它们的门牙进化成了不断延长的牙齿，以适应一辈子的磨损。

人的正常体温为什么是 37℃

每当我们感冒发烧的时候，都要用温度计测量体温。通常来说，我们的体温都在 37℃左右。如果体温超过了 37.3℃，就可以基本认定为发烧，不过只是低烧，并不严重。如果我们的体温达到了 38℃到 39℃之间，就说明我们已经进入了中烧的范围，需要接受治疗。而一旦体温超过了 39℃，就是高烧了。那么，为什么要将 37℃认定为正常体温呢?

严格来说，37℃只是人体温度的一个近似平均值，这个概念由德国医学家卡尔·文德力西于 1868 年提出后沿袭至今。而根据现代医学家测量的数据，人的正常体温可在 35℃至 37.7℃之间波动，平均约为 36.8℃。这个平均值既考虑到了人体不同部位的不同温度值，也考虑到了人的体温在一天中的“抛物线”变化，它在清晨时最低，下午 3~4 时则达到曲线顶峰。

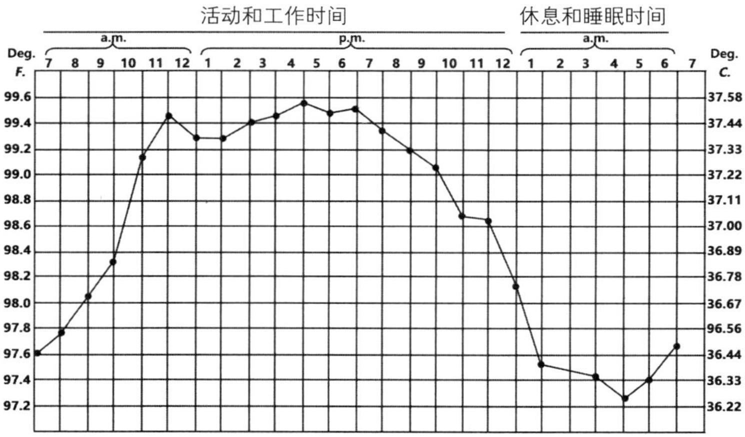

至于人的正常体温为什么是 37℃，其实包含了两个问题：人为什么要保持恒定的体温？这个恒定温度值为什么选在 37℃左右？

与绝大多数的哺乳动物和鸟类相似，人是恒温的内温动物，这类动物在所有动物中维持体温的能力最强，维持体温的系统也进化得最为复杂。其中，内温是指动物通过新陈代谢来维持体温的能力，这一能力先于恒温动物出现。例如，蟒在孵卵时通过间歇性的强有力的轴肌收缩产热，能让体温高出周围环境温度 7℃之多，以维持孵化需要的温度，但它并不是恒温动物。

动物要维持恒定体温，一是利用毛皮、羽毛乃至大量贮存的皮下脂肪来降低热传导率；二是保持代谢产热与向环境中散热的平衡。这两种方式都需要神经系统对身体非常精密的控制，因而只有少部分动物进化出了这种能力。

至于为何要进化出恒温能力，科学界有两种主流解释：一种是认为脑在恒温下运作得更好；另一种则认为这是某些动物从依赖水生环境转向彻底的陆生环境的演变结果。

而维持较高的体温，在生存竞争中也意味着许多优势。比如它可以提高动物的运动能力，使其更易捕捉猎物，保卫领地。它还有利于增强动物体内糖酵解的能力，并促进酶的活性。

但这个恒定温度为何恰好是37℃呢？美国生物学家卡萨德瓦利提出了一个很奇怪却被学界较为认可的答案：保持恒温很可能是为了抵御致命的真菌病。

在近十亿年的时间里，真菌一直是地球生命故事的主角之一。它们几乎侵蚀了所有物种：植物叶子上有真菌，根部有真菌；两栖类和爬行类动物携带着数以千计可感染疾病的真菌病原体；甲虫、蚂蚁和白蚁等昆虫都培植真菌……

然而在近30年的研究中，卡萨德瓦利发现：入侵人体的真菌数量少得惊人。其中最常见的包括几种毛癣菌，可以引发脚气癣；还有肺囊虫，可能使人的免疫系统受损而引发肺炎。甚至在大多数情况下，肺囊虫都只能温顺地生活在我们的肺里。其他的一些真菌，包括念珠菌、隐球菌、曲霉和组织浆细胞，往往只生活在免疫系统受损的人身上。虽然它们可以造成伤害，但是它们并没有成为病原体。相反，它们只是偶尔利用宿主的弱点来发威。

无独有偶，人类并非唯一不受真菌困扰的物种，绝大多数哺乳类和鸟类动物都很少受到真菌的骚扰。尽管哺乳类动物会接触到的真菌种类超过4000种，但长在它们身上的只有不到500种，并且大部分都不会致病。对鸟类动物的研究同样显示，几乎没有什么真菌引发的鸟类疾病。

考虑到这些动物的共同特征，卡萨德瓦利的研究团队测量了4082种真菌存活的温度，并把结果与哺乳动物和鸟类的体温进行了比较，结果验证了他的猜想：–4~30℃是大多数真菌频繁活动的温度。一旦超出这个范围，它们就难以生存，只有不到三分之一的真菌能够在37℃以上的环境中存活，仅有5%的真菌能够在41℃下存活。

接下来，卡萨德瓦利仿照哺乳动物的身体尺寸及其维持温度需要的能量损耗模拟了最适宜它们身体的温度，然后将此与温度变化对防御真菌影响的模型相结合。结果发现：耗能成本最少、防御能力最佳的“黄金温度”是36.7℃——与人类和多数哺乳动物的体温惊人的一致。

鸭嘴兽在哺乳

而那些体温比“黄金体温”略低的少数哺乳动物，似乎都更易感染真菌。鸭嘴兽就是一例，它们体温略低，仅有32℃。同样在北美，冻僵的冬眠的蝙蝠也容易被真菌入侵，引发白鼻子综合征，并易发病死亡。兔子身上虽然几乎没有病原真菌，但其睾丸部分却易受到真菌袭击，因为这个部位仅有35℃，比它们身体的其他部位要低4~5℃。

为什么年龄越大感觉时间过得越快

在我们小的时候，尤其是上学的时候，总是觉得时间过得非常慢，坐在教室里，简直可以说是“度日如年”。可是随着我们慢慢长大，时间似乎过得越来越快，人们忍不住生出了“时间都去哪儿了”的疑问。但实际上，一天还是24个小时，那我们的这种感觉到底从何而来呢？

人年龄越大，越感觉时间飞速流逝，是一个被心理学家用实验证明确实普遍存在的现象。马克·威特曼和桑德拉·伦霍夫招募了499名不同年龄段的被试者，最小的14岁，最长的94岁，对时间流逝的感觉进行问卷调查。结果发现，时间流逝速度的主观感觉随着年龄增长而增加，在50岁时到达顶峰，之后趋于稳定，直至耄耋。

时间流逝的客观速度是恒定不变的，但人对它的感觉却来自主观经验。有时候明明已经过去了一小时，却觉得还不到一小时，这便是低估了时距，主观估计的时间流逝变慢了，然后发现“时间流逝变快了”。至于影响这种主观判断的因素，心理学家认为不止一个。

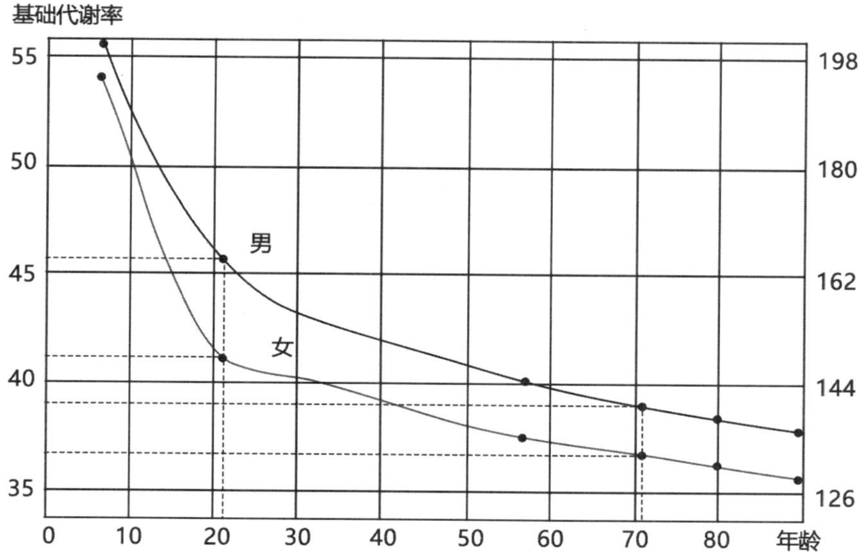

随着年龄的增长，基础新陈代谢速率是递减的

生理反应速度的变化就可能影响我们对时间的估计。随着年龄增长，人的新陈代谢在变慢，从而改变心理上的时钟。不过，更重要的影响还是来自我们生活的外界环境。

新异刺激的出现频率对我们的时间感就有重要影响。心理学家大卫·罗斯和乔安娜·萨默斯的时距辨别实验发现，在一系列等时距出现的重复刺激序列中，人们对第一个刺激呈现时间的判断会长于中间刺激。相应地，皮特·乌瑞克·谢和 詹姆斯·英特里利盖托也发现，当新异刺激出现在重复刺激序列中时，它的呈现时间往往会被高估。

在我们年少时，有许多个“第一次”：第一次学走路，第一次挨打，第一次见到小狗，第一次考试，第一次坐飞机，第一次恋爱……每天还要学习新知识。随着年纪的增长，对这个世界更加熟悉，一个事件成为新异刺激的门槛越来越高，于是，日常生活中能激发我们新鲜感的东西变少了。

另外，步入职场后，大部分人从事的工作在或多或少地投入时间后，都会变得以重复劳动为主。因此，我们会觉得新异刺激频繁出现的童年时期过得很慢，而缺乏刺激的成年生活则相对过得很快。

与之相似，我们在记忆中储存的重要事件和变化也会随着年龄增长而密度降低。这里面还包含心理的变化，人容易对自己的性格塑造时期记忆犹新，其实就是因为那时候遭遇的变化太大也太重要了。相反，大人总是喜欢用孩子来度量时间，比如在寒暄时说“这孩子都长这么大了，时间过得真快”，也是因为他们自身值得注意的变化实在太少了。

分配给时间的注意力也会影响我们的时间判断，在这里，主要变化的并非我们自身的注意力，而是我们分配注意力的对象。人对时间流逝注意得越少，就越会低估时间的长度，于是感觉它过得越快。这与日常经验也是相合的，当我们专注地看一本小说、一部电影时，完全没去注意时间，就会感觉时间过得很快；当我们频频看表，焦急不已时，时间却因为注意指向了它而走得更慢了。

人在年幼的时候，时间多不归自己分配，经常需要等待自己不喜欢的那段时间过去，例如，在上课的时候计算还有几分钟才可以下课休息，很在意时间。而人在成年以后，掌控了时间的分配权，不再在意一时一分的变化；

再加上有太多的生活琐事需要操心，也没有多余注意力可用来关注时间，结果，时间就这么变“快”了。

此外，影响时间判断的还有对“时间不够用”的焦虑感，马克·威特曼、桑德拉·伦霍夫的实验研究和威廉·弗里德曼、史蒂夫·詹森的复制实验发现，“时间不够用”的感觉可能在心理上被人们重新解读为“时间过得快”。至于老年人，虽然退休后事情少了，但可能会因为衰老或认知能力退化，也具有时间不够用的焦虑感。

当然，一段流逝的时间在一个人所有逝去日子中占据的比例的多少，也会扭曲他对这段时间的感觉。同样的一年时间，5 岁儿童会感觉是他现有人生的 1/5，30 岁青年却只当成他的 1/30，观感上，后者会比前者判断这段时间“更短”。

有必要解释的是，人们对过去时间的判断，与对当下时间的估计是两个不一样的心理活动。虽然在这么一个回答里难以详细区分二者，但自己能意识到这点的人并不少，所以很多人会感觉“一天过得很慢，一年却过得很快”。

恐龙是怎么分类的

公众常常将史前的爬行动物一股脑地称作“恐龙”，这种混淆也代表了19世纪生物学界的看法，即认为这些新发现的史前生物只是一些生态位类似的无关物种。

但经历了20世纪70年代的“恐龙文艺复兴”之后，我们意识到从三叠纪晚期到白垩纪末期，在陆地生态系统中占据主导地位的爬行动物大都源自同一个祖先，它们被纳入一个“恐龙总目”，其中又分为“蜥臀目”和“鸟臀目”两个目，顾名思义，这两个名称都来自恐龙化石的骨盆结构。

骨盆与下肢的连接方式是恐龙区分于其他“爬行动物”的关键特征：相比其他爬行动物向两侧伸展四肢的匍匐姿态，恐龙有一个弯曲的股骨头，后肢直接向下伸出。这样的结构可以支持更大的体重，并且便于快速奔跑，在脊椎动物身上独立进化出两次，另一次发生在哺乳动物身上。

在此基础上，蜥臀目的骨盆较接近恐龙的始祖，它们最初是一些小型的二足食肉恐龙，但是在三叠纪晚期迅速分化为两个亚目，即蜥脚亚目和兽脚亚目。前者适应了侏罗纪繁盛的陆地植被，发展为大型的长颈四足素食恐龙，尤其包括了一些地球生物史上最庞大的陆生动物，比如公众熟知的梁龙、腕龙、马门溪龙，从头到尾可达 20 米以上。

其中最巨大的易碎双腔龙体长可能在 40 米到 60 米之间，体重 120 吨以上，几乎逼近了今日的蓝鲸，相比之下长颈鹿的身高不超过 6 米。巨大的体形也限制了它们的多样性，蜥脚亚目恐龙大都看上去很像。

兽脚亚目则延续了二足食肉恐龙的生活方式，从侏罗纪早期开始称霸了陆地生态系统的肉食顶层，演化出许多巨型食肉恐龙，比如暴龙、食肉牛龙、棘龙、异特龙；但从白垩纪开始，也有相当一部分兽脚恐龙向着小型化发展，成为食虫甚至食草的杂食恐龙。

这使得兽脚亚目相当多样化，在侏罗纪早期分化为角鼻龙下目和坚尾龙类两个分支，前者包括了与角鼻龙接近而与鸟类疏远的类群，它们的颅骨比较厚实，一些物种还有凸起的骨质头饰，但目前还没有一致的鉴别标准。

坚尾龙类演化得更加成功，它们的尾部肌肉缩短，避免了奔跑时左右摇摆，有利于平衡方向，同时颅骨有很多空腔，减轻了重量。棘龙总科是其中一个较基底的类群，更主要的演化支包括了肉食龙下目和虚骨龙类两个，前者曾用来收罗所有的大中型食肉恐龙，但如今只包括了异特龙总科和少数近缘的分支。

虚骨龙类演化支则是恐龙演化的辉煌顶点，其中既包括了暴龙总科的庞然大物，也包括了恐爪龙下目和似鸟龙下目这样小而敏捷的物种，它们以骨骼中充满空气和体表覆盖羽毛著称，恐爪龙下目还在白垩纪演化成了现代鸟类的祖先,始祖鸟就在这一个分支当中——正是由于这个原因,我们必须说“恐龙没有灭绝” 。

相比蜥臀目恐龙的庞大体形和凶猛性格，鸟臀目恐龙以中等体形的素食者为主，它们在进食策略和防御策略的双重压力下展现出了相当高的多样性，其中又分为装甲亚目和角足亚目两个演化支。

装甲亚目的恐龙在体表被覆了厚重的骨质化鳞片，甚至特化成巨大的刺和瘤，因此又分为剑龙下目和甲龙下目两个主要的类群，前者以巨大的骨板和骨刺给公众留下了深刻的印象，频频出现在大众传媒里，但在侏罗纪末期就趋于灭绝；后者则装备了比鳄鱼还要厚重的骨质化鳞片，并在头部和尾部凝结了巨大的骨瘤，一直繁盛到白垩纪末期。

角足亚目的恐龙也分为两个鲜明的演化支，一支是像鸭嘴龙和禽龙这样的二足食草恐龙，极度适应有花植物繁盛的白垩纪素食生活，称为鸟脚下目；另一支在头部生长出了许多附属结构，称为头饰龙类。

鸟脚下目的恐龙是中生代最成功的素食者，除了发达的高冠齿，还拥有最复杂的咀嚼方式，这都类似于现代的牛；不少品种还有发达的头饰，功能类似今天的牛角或鹿角，总的来说，鸟脚下目可谓恐龙时代的偶蹄目。

头饰龙类则继续分化为厚头龙下目和角龙下目两个演化支，前者也是二足食草恐龙，但不如鸟脚下目那样适应素食，狭小的牙齿更可能适应水果、嫩叶甚至昆虫。它们的颅骨标志性地加厚，犹如戴了头盔，这曾被认为用于北美麝牛那样的头对头碰撞，但现在认为是用于侧面攻击。

角龙下目则集中了外观上最“威风”的素食者。它们在侏罗纪晚期是矮小的二足食草恐龙，如鹦鹉嘴龙。但在白垩纪发展为大型的四足食草恐龙，最显著的特征是脑后巨大的头盾，这个结构最初可能用来防止颈部被掠食者攻击，但后来更可能发展为炫耀性的第二性征。最著名的三角龙、五角龙和开角龙等物种拥有了陆生脊椎动物中最巨大的脑袋。

总的来说，恐龙总目是一个极其繁盛庞杂的类群，大约存在过 3400 个属，其中只有 1800 多个属留下了化石，又只有 75% 曾被发掘，其余绝大多数都被历史的洪流冲走了，截至 2008 年只确认了 500 多个属、1047 个物种，作为人类的我们只能在争议中轻轻一瞥那曾经无比繁盛的霸主了。

为什么同寝室女生的月经周期会趋同

居住在同一个寝室的女生，经常一起吃饭，一起休息，时间长了，有人就会发现，大家的月经周期居然变得同步了，这到底是为什么呢?

其实，这只是一种错觉，而且这种错觉的发生对象不限于同寝室友，密友、母女、姐妹，甚至工作和学习伙伴都被“发现”过月经趋同的情况。

女性的月经并不会因为朝夕相处就变得同步，但日常生活中人们觉察到“同步”现象却并不稀奇。假定有两个月经周期均为 28 天的女人，那么她们月经间隔时间最长为 14 天，平均而言，则只有 7 天之差，再考虑到女性个体的平均月经持续时间是 4~7 天，两人会非常容易出现月经日期的重叠。若相互交流此事的女伴增加，这种“你来例假时我也来了”的情况更会频繁出现，于是形成“关系亲密的人月经趋同”的错觉。

但这种说法如此流行，并不全是女生们交流闺密话题的功劳。实际上，科学界也曾长期把它当作事实，并给出了看上去十分奇妙的解释。科学家犯错，源自 1971 年美国人玛莎 · 麦克林托克做过的一个著名实验。

当时，麦克林托克在威尔斯科学院读心理学研究生，同时兼做女学生的游泳教练，为了方便安排学生下水练习，她对住在宿舍中女生的月经时间做了详细的记录。没想到，在整理了三四个月的记录以后，她发现最初女同学们的月经时间是不规则、随机的，但在共同住了一两个月以后，她们的月经时间有一个同步的现象。

于是，麦克林托克设计了一个为期 6 个月的实验，她募集了 135 名 17 ~ 22 岁的女生做实验志愿者，再次观察到她们的月经周期出现趋同的现象，不仅表现在同宿舍室友的趋同，也包括了亲密朋友间的趋同。

麦克林托克认为这些趋同还向着一个主导者靠近，于是她进行了下一步的实验：将主导者的腋下汗水搜集起来，涂抹在实验组女生的嘴唇上，而对照组则涂上医用酒精。4 个月后，实验组女生出现月经趋同现象，对照组则几乎没有影响。

麦克林托克将这一研究成果发表在《自然》杂志上，并指出影响女性生理周期的物质是信息素。自此以后，女性生理同步的现象就被科学家们称为“麦克林托克效应”。

麦克林托克论文里所说的信息素，又叫费洛蒙，是 1959 年加利福尼亚大学的卡尔森和卢歇尔发现的一种人体可以释放到环境中的物质。该物质被另一同种个体接受后，可引起特定的行为、发育和内分泌反应。麦克林托克会想到收集主导者腋下汗水，就是因为信息素主要由位于腋窝的顶浆腺分泌产生。

麦克林托克的论文发表后，科学家对信息素的研究进一步深化。通过基因遗传学的实验，他们在人的鼻中隔内检测到一个独立于嗅觉系统的犁鼻器系统，当有信息素刺激该系统时，它会将信号投向下丘脑，进而调节内分泌功能。

根据这一发现，有科学家提出，女性在生理周期的不同阶段会释放不同作用的信息素。若在月经的卵泡期放出，则会缩短月经周期；而在排卵期放出，又会延长月经周期，如此一来，使得月经趋向某一个固定时间。

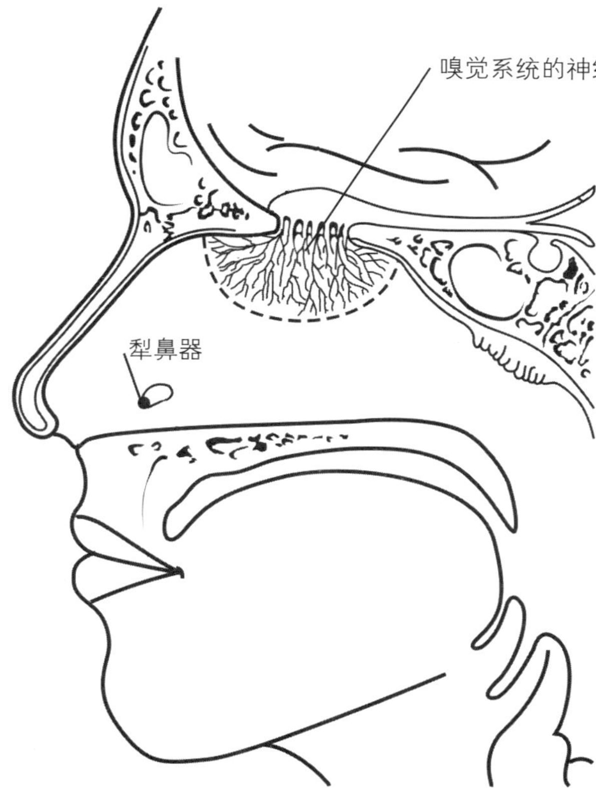

但进一步的发现却给这种解释泼了冷水：犁鼻器在人体早期胚胎发育中已经退化，成年个体拥有犁鼻器系统的比例很低。因此，通过犁鼻器接受信息素，调节女性月经周期使之趋同的观点根本站不住脚。

从 20 世纪 90 年代开始，学界的观点逐渐开始逆转。2006 年，有科学家总结了过去 15 年的研究，结果表明女性月经周期并不趋同。那“麦克林托克效应”究竟是怎么回事呢？经过更严密的考察，有人指出了麦氏研究中严重的方法论错误：

她在选择样本时，着重挑选了最开始月经周期不趋同的个体，即统计学上的偏态分布；随着观察持续，她收集到的数据增多，偏态分布会自动趋向正态分布，也就让她得出了月经周期同步的结论。另外，麦氏的分组也存在问题，以至于后人进行实验验证时无法观察到她所记录的现象。

截至 2013 年，因为众多实验都无法验证“麦克林托克效应”，一篇科学评论性文章总结称，所谓月经同步不过是一个错误说法。至此，可以认为科学界主流已经否认了“月经周期趋同”的存在。

为什么游泳学会了不会忘

人们常常夸耀今日又学会了一项新技能，但往往忽视一旦学会了某项新技能，这项技能就终身相伴，想甩都甩不掉，比如游泳、骑车、弹琴。为什么会这样？

实际上，这与人类的记忆方式有关。人的记忆包括陈述性记忆和程序性记忆两种。陈述性记忆又称为外显记忆，它能够通过有意识地回忆而被回想起来，比如我们生活中所经历的事情和在学校里学到的知识。按照记忆性质，它又可以被分为情景性记忆以及语义性记忆，前者泛指个人的生活经验，而后者指的是对周围世界中事物的认识。

程序性记忆则与陈述性记忆对立，它又被称为内隐记忆，它存在于人的潜意识当中，指导人的行为和运动。这些“行为”与“运动”是通过不断重复与练习而习得的，在人们需要执行的时候，程序性记忆会被自动唤起，但很难用语言表达出来。而游泳便是涉及程序性记忆的运动之一。除此之外，还有骑自行车、弹吉他等。这些运动都有一个特点，就是人们学会之后即使将其搁置多年，重新操作时也能很快记起。即使是阿尔茨海默症晚期的患者，也能保留其运动技能。哥伦比亚籍美国神经科学家鲁道夫·拉什，就曾经观察到一个处于昏迷状态的病人也能通过声带发出声音。

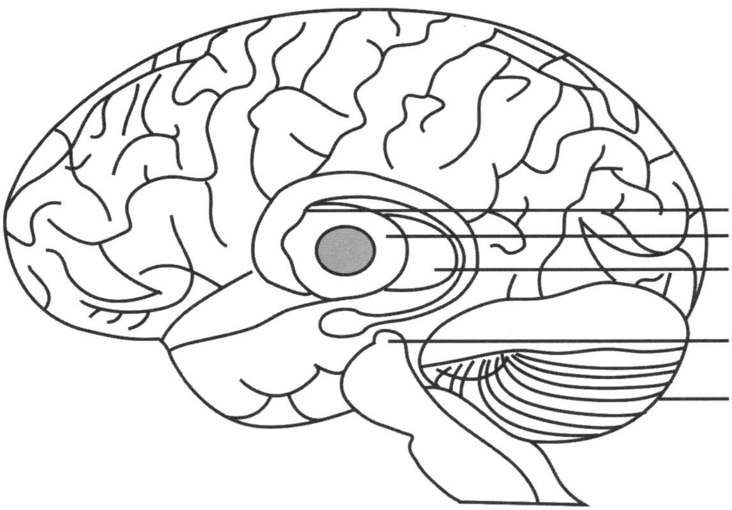

那么，影响获取程序性记忆的因素有哪些呢？

从生理结构上来说，人脑中负责程序性记忆的大致包含三个部分，分别是小脑、基底核和纹状体。

小脑在人对运动技能的掌握中发挥着重要的作用，负责不断纠正学习过程中所犯的错误。当我们在学习一项运动的时候，小脑可以帮助我们自动完成对错误动作的修正，只是我们并没有意识到。最初由小脑皮层获得的记忆向外传播到其他的脑核团，完成学习后的强化过程。

纹状体和基底核相互作用，在程序性记忆的获得中扮演关键角色。背外侧的纹状体与我们日常行为习惯的获得密不可分，它与管理基底核回路活动的传入神经纤维连接。从纹状体出发的两条平行的信息处理路径与其他功能结构相连接或交叉，以一条路径是径直到达另一条间接到达的方式组合在一起，形成功能性的神经反馈回路。这些回路与脑中的很多功能结构相联系，其中就包括了主要与程序性记忆中的运动技能相关的闭合回路。

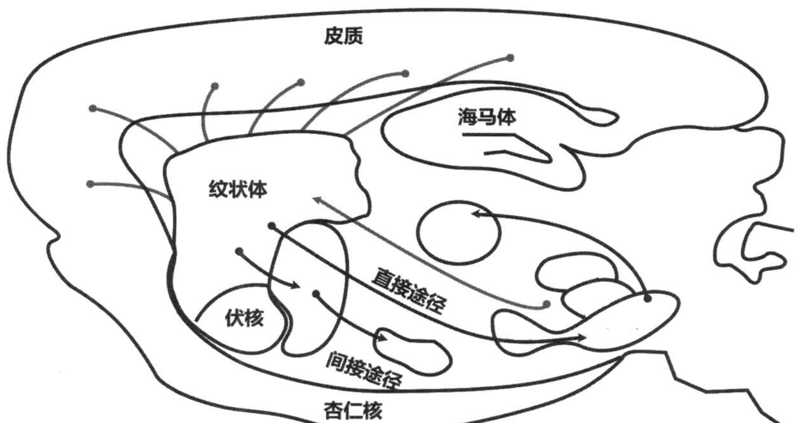

储存程序性记忆的过程并不是一蹴而就的。早在 1954 年，保罗·菲茨便提出了运动技能获取的模型，它分为三个步骤：

第一步是认知层面，人们会自动将一系列动作分解成好几个小部分，然后逐一观察，并学习如何将它们串联起来；

第二步就是大量的重复练习，在这一过程中很多错误的动作会被慢慢纠正，逐渐形成正确的步骤；

第三步便是在熟练之后动作的自然形成，通过对上一步纠正过后的规范动作的不断重复，我们便慢慢不需要经过思考便能把这些动作连接并自动呈现出来，就是所谓的“熟能生巧”。

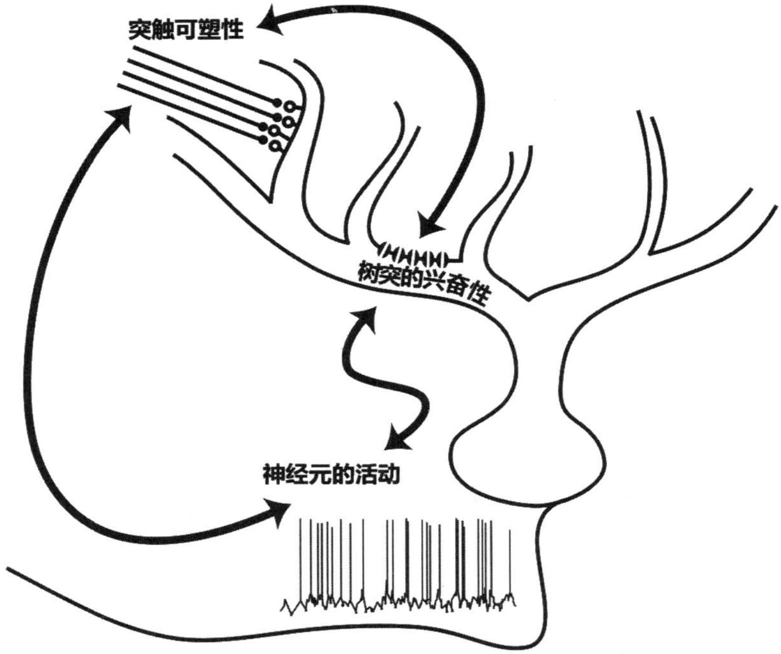

有研究认为，人们在运动技能的学习中并不需要有意识地将技能进行分解，而只需对规范动作的展示效果有一个概念性的认识即可。因此，学习就变成了“尝试—失败—潜意识里分析原因并调整动作—下一次尝试”的不断重复，在重复中便会发生神经上的变化。

然而，神经发生这些变化的条件和诱因是什么？发生在人脑中的什么地方呢?

这些变化的地点主要由两个因素决定:感觉输入对应的神经表象系统和所需学习的运动技能的特性。由于突触可塑性和可变更性是人脑发育的特点,因此在不断的练习中,突触的可塑性使得突触处于弹性的状态当中,并为与某项运动技能相关联的突触提供变更的可能,最终使得记忆存储在大脑皮层当中。

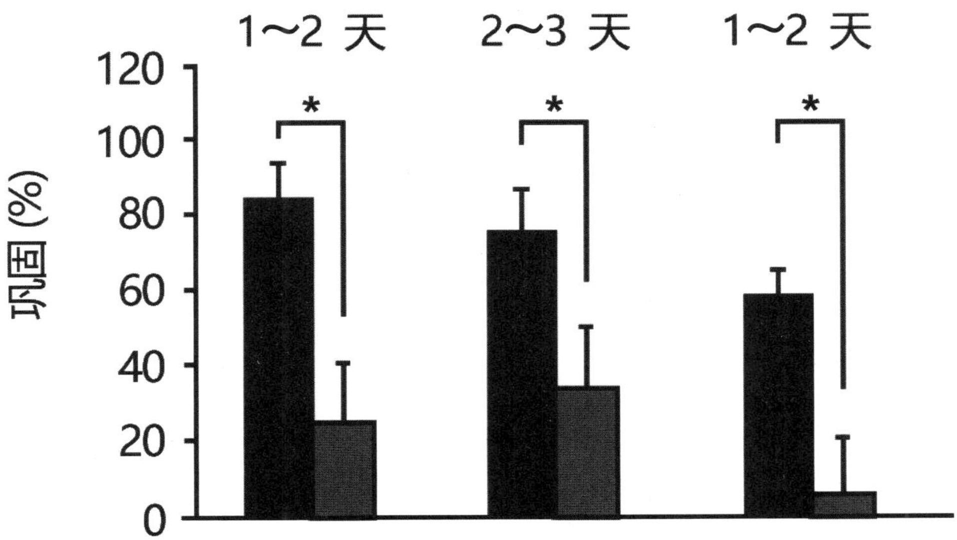

而 2009 年发表于《自然》杂志的《浦肯野细胞的突触抑制介导了前庭 - 小脑运动学习的巩固》表明,小脑分子层上的抑制性中间神经元,给予位于

小脑皮质中的浦肯野细胞前馈抑制，进而通过控制其细胞活动中的精细结构，诱发小脑和前庭神经核中神经元突触的伸缩性，用来巩固知识。因此作者推断，前庭神经核是用来进行信息整合和巩固的地方。

文章的第一作者皮尔·伍尔夫设计了一组实验，将小鼠分成两组，其中实验组将浦肯野细胞中负责前馈抑制的GABAA受体选择性地移除，而另一组作为对照组。实验表明，尽管实验组在运动上的表现并没有与对照组有明显的差距，但其适应环境变化以及巩固知识的能力相比对照组则大打折扣。

为什么有的人一定要午睡

子曰：中午不睡，下午崩溃。现在中国大城市越来越多的白领有午睡的习惯，如果中午不休息，下午将会是一场“噩梦”。然而，午睡并不通行全世界。

目前保留午休习惯的国家大多位于低纬度地区。地中海沿岸的南欧国家西班牙、意大利和希腊有着悠久的午休传统，会保证3个小时的充足午休时间，4点以后才会开始下午的工作。当然，近年来经济不景气，西班牙已经在酝酿取消午休这一神圣“事业”了。

北边的英国、法国、德国在工作日都没有午休的习惯。英语中没有“午休”这个词，而是借用了西班牙语的“Siesta”，这个词源于拉丁语“hora sexta”，本意是指日出后的第六个小时。

美洲西班牙语国家，也和他们曾经的宗主国一样有午睡的习惯。气候炎热的中东和北非地区，每天午餐后，也有几个小时的午休时间。在亚洲，炎热的菲律宾和越南也存在午睡的习惯。

在中国，根据调查得知，87.56% 的人都有午睡的习惯，而全年都午睡的人占 39.35%。

现代化程度较高的北京、上海、香港等城市大多没有午睡的习惯，而二三线城市则大多有午睡的习惯。当然，生活在没有午睡的城市中的人，也并非不想午睡，由于工作时间的原因，他们不得不在下午工作开始前，靠一杯咖啡或者茶来提神。

对于工作繁重的人来说，午睡是相当必要的。在保持了长时间高强度的工作后，人们很容易在一天的中点感到疲惫。而中午的饱食和午后让人昏昏欲睡的阳光，又会加剧这种疲惫感。

心理学的研究发现，午睡能够有效地减轻疲惫感，恢复精力，提高下午的工作效率。15 分钟短睡就可以起到减轻疲劳、提高反应速度、提高推理任务表现的作用。在午睡之后的 1 ~ 2 个小时内，个体的逻辑推理能力、精力、心情以及觉醒水平都能获得相应的改善。

但是剥夺午睡，就会降低工作效率，对于涉及安全的行业，中午犯困甚至会带来比较严重的后果。一项针对北京某地铁线路司机的调查发现，60% 的人会在吃过午餐后的 13:00—15:00 犯困，而白天其他时间感到疲劳的平均比例只有 10%。南京交管部门的大数据显示，12 时至 14 时发生的轻微交通事故占全天总数的 17.8%，仅次于早晚高峰，属于事故高发时段。

那么只有工作是人们需要午睡的理由吗？实际上这与个人的生理特性有着密切关系。最直观的是人类身体的“生物钟”决定了你在什么时候犯困。国外的研究表明，人类的睡眠天然地区分为两个阶段：一段长睡眠和一段短睡眠，短睡眠一般是在长睡眠时间的中间时间点往后加 12 个小时。

在现实生活中，午睡还可以使我们避开一天当中最热的时候，所以午睡的习惯在低纬度地区更加普遍。从进化的角度讲，这是相当经济的策略，可以节省大量的能量消耗。并非只有人类发现了这一点，猫科动物基本上整个白天都在打盹，这样可以使它们最大限度地保持体力。雄狮一天要睡够 20 个小时，家猫每天也要睡 15 个小时以上。

此外，午睡还可能与午餐有关。当血糖较高时，人类下丘脑分泌的下丘脑激素减少，人就会觉得昏昏欲睡和不想运动。因此，如果中午吃了含糖较多的食物则容易犯困，含蛋白质较多的食物有助于保持清醒。而中国人通常午餐吃的比较多，又是以精制米面为主，含淀粉较多，葡萄糖转化率比较高，自然吃完就更容易犯困了。

看起来相当神秘的人体“生物钟”，实际上是受人类的基因控制。只有极少数天赋异禀的人，可以一天只睡五六个小时而不感到疲惫。

为什么男人到中年容易脱发

说到中年危机，很多人第一时间想到的就是手拿保温杯，杯里泡着枸杞子的中年油腻男形象。对此，保温杯表示：这个锅我们不背！

实际上，中年危机最主要的视觉信号是脱发，30 岁的男性大约有 25% 会表现出明显的脱发症状，到 60 岁就能达到 75%，而个别重症患者的头发在 20 岁时就变稀变细。这一过程虽然进展缓慢却极难挽救，常被形容为“从容不迫地毁掉生活”。

然而在这样庞大的脱发人群背后，脱发原因却相当集中，有 95% 以上的男性脱发都是“雄性激素性脱发”，所以此症又名“男性型脱发”，它主要表现为太阳穴和前额的发际线后移，并伴随顶部头发稀薄，随程度加重最终连成一片，但极少殃及两鬓和枕部。

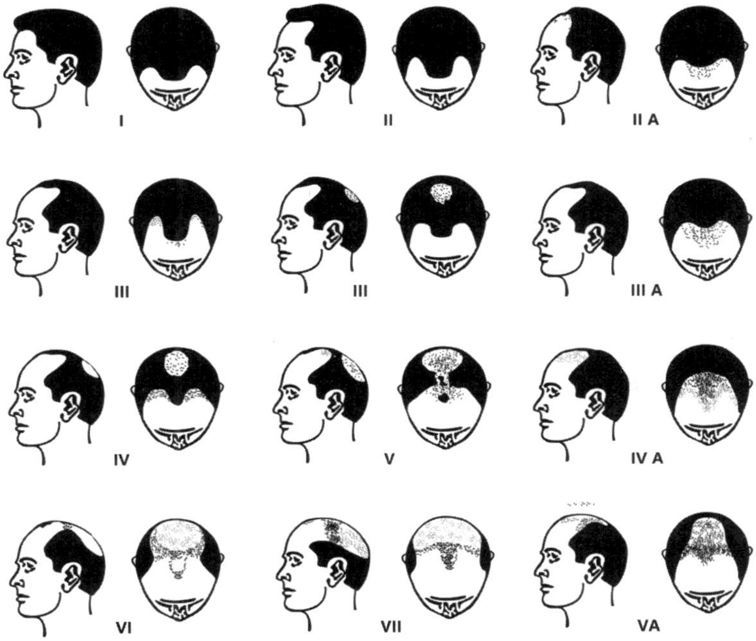

人们针对雄性激素性脱发进行了大量的研究，其发作机制现在已经相对明了。首先，人体全身毛发的生长都会受到雄性激素的影响。这是因为毛囊内的皮脂腺中存在着代谢类固醇的 5α 还原酶，而哺乳动物最重要的雄性激素睾酮也是一种类固醇，会被前者还原为双氢睾酮。双氢睾酮含量虽少，结合雄性激素受体的能力却更强，它会强烈作用于毛囊和皮脂腺活动，调节毛发的生长。

然而双氢睾酮在毛发生长调节中扮演着两面派的角色：它在人体绝大多数的毛囊细胞中促进合成代谢，显著增加毛发的产量；却在头皮的毛囊细胞中更多地激活抑制因子，结果是让头发更快进入退行期。

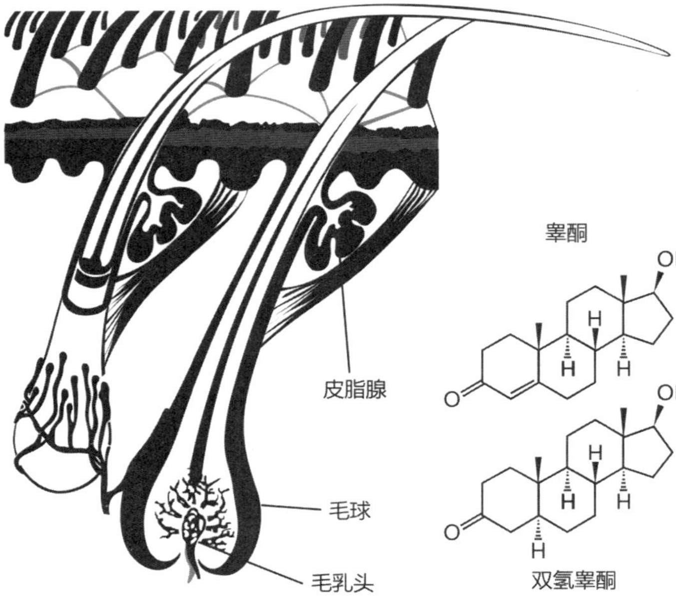

毛基质细胞也发生异常的死亡，这不但让新长出的头发细而脆弱，更易损耗，还会对毛囊造成不可逆的损伤，最终成为永久性的脱发。随着男性的睾酮合成量在 20 岁以后急剧增加，并以缓慢的速度递减，脱发的积累效应也就格外青睐中年男性的头皮了。

围绕雄性激素性脱发，我们还在激素水平之外发现了许多影响脱发的因素。比如基因决定了毛囊对二氢睾酮的敏感程度，影响尤其显著。最为人熟知的案例是英国王室的男人们：伊丽莎白女王二世的丈夫菲利普亲王谢顶，查尔斯王储谢顶，戴安娜王妃的父亲史宾莎伯爵也没什么头发，所以一双王子威廉和哈利都在 30 多岁就谢出了地中海，不禁让人担忧第三顺位继承人成年之后是否也会遭此厄运。

为什么大型草食动物要比大型肉食动物大

在我们的印象中，肉食动物比较凶残，而草食动物比较温顺，可是如果我告诉你，大型草食动物比大型肉食动物大，你会相信吗?

实际上，这一规律的确普遍存在，就现在的陆地生态系统做横向比较，草食动物中最大的是长鼻目的非洲象和亚洲象，体重达 5 吨或更高；其次是奇蹄目的白犀牛和印度犀牛，体重 4 吨以上；偶蹄目的河马成年后常能达到 3 吨，长颈鹿和非洲水牛也都能达到 900 千克。而同纬度的肉食动物最大者是食肉目的虎和狮，体重都在 300 千克以下，即使放眼全球，最大的陆生肉食动物北极熊也只有 800 千克左右，很少达到 1 吨。草食动物明显胜出。

如果在地质史上做纵向比较，仅就哺乳动物繁盛的全新世而言，最大的陆生动物是奇蹄目的巨犀，生活在渐新世到中新世，肩高约 5 米，颈长 1.3 米，重 15 ~ 20 吨；其次是长鼻目的恐象，生活在渐新世到更新世，肩高也可达 3 ~ 4.5 米，重 12 吨以上；同目的猛犸象生活在更新世到全新世，肩高 4 米，重可达 6 ~ 8 吨，个别也可达 12 吨；奇蹄目的板齿犀生活在上新世到更新世，肩高 2 米，体长 5 米，重 5 吨以上，还有长达 2 米的巨角；另外，更新世美洲的大地懒体长 6 米，重可达 4 吨——它们都是素食者，而有史以来最大的陆生食肉哺乳动物是中爪兽目的安氏中兽，生活在晚始新世，肩高 1.8 米，重约 1.7 吨，显然要败下阵来。

海洋生态系统的情况有些不同，它的主要生产者是单细胞浮游生物，需要经过多级食物链才能成为大型生物的食物，而且硅藻、甲藻、褐藻（包括海带）在现代分类学中也都不属于植物界，所以除了以泽泻目海草为主食的海牛目以外，我们几乎无法找到以“草”为食的大型海洋动物，它们的体重大约在 600 千克，但 18 世纪灭绝的大海牛体重可达 5 吨以上。

但是另一方面，海洋中的滤食者以持续过滤海水的方式获得食物，与陆生草食动物持续啃咬的进食策略本质上一样，而且同样处于食物链中较低的营养层上，所以蓝鲸虽然几乎只吃磷虾，仍不妨被视作“大型草食动物”在海洋中的代表。它是有史以来最大的动物，重到无法测量，应该超过 180 吨。类似的还有长须鲸、灰鲸等须鲸亚目的成员，体重常常超过 30 吨，而最大的海洋肉食动物是抹香鲸，体重为 25 吨左右。所以这一规律更好的描述是：“持续进食者”的体形上限要比“突击掠食者”的体形上限更大。

这一现象的主要原因是生存策略上的差异：

持续进食者通常能够获得充足而稳定的食物来源，即便雨旱交替的东非大草原，草食动物们也能追逐水草以保证食物供应，所以为了抵御掠食者，以极高的速度长大，在体形上压倒对方就成了一种非常可行的方案。而且个头越大越好，不但要超过所有的潜在掠食者，还要超过自己的同类，争夺交配的优先权，这就形成了非常强烈的选择压力。

突击掠食者则不然，它们没有必要对抗最大的猎物，量力而行即可。而且更大的体形意味着更大的食物需求和更大的运动负担，令捕猎收获的能量难以弥补消耗的能量，也就不得不选择更大的猎物，面对更大的狩猎风险，所以单纯的大体形对掠食者的进化优势非常有限，反而可能成为劣势。

但需要注意，上述的大型草食动物和大型肉食动物很少出现在同一条食物链中。而掠食者通常要比猎物更大才能保证狩猎成功率，这使得顶级掠食者们在自己的食物链中仍然总是最大的，比如浮游生物、软体动物、鱼类、乌贼、海豹和虎鲸构成的食物链，这也意味着针对这一问题不能用“能量在食物链中的传递效率只有 10% ~ 20%”来解释，因为能量传递效率描述的是整个营养层，而非营养层中的个体。

这一规律也有不少例外，比如史上最大的海洋爬行动物是三叠纪的秀尼鱼龙，它们主要掠食鱼类和软体动物，当时这些猎物非常丰富，以至于它们可以长到 21 米长，重量可能接近 100 吨。

吹多了空调真的容易感冒吗

“我这条命都是空调给的！”炎夏炙烤下，唯有空调能让人有重获新生之感。人们在默默感恩的同时，也常常隐忧——吹多了空调会导致感冒。

着凉容易感冒的确符合直觉。从高温环境突然进入低温环境，皮肤上的温度感受器将给大脑施加强烈的控温信号，令机体做出应激反应：泪腺分泌更多的眼泪，进入鼻腔成为鼻涕；鼻腔和咽喉深处的三叉神经受刺激引发头痛；小肠加快蠕动导致腹泻，体验上都有些类似感冒。

然而只要环境温度升高这些症状就会消失，并不会累积发展成真正的感冒，毕竟感冒是传染病，温度再低，病毒也不会凭空变出来。

另一方面，过度受凉和罹患感冒的确存在统计上的相关性，尤其是普通感冒，小儿一年可感染 6 ～ 12 次，成人也有 1 ～ 3 次的感冒机会，时不时地给人敲响“注意保暖”的警钟。

所谓普通感冒，就是鼻病毒感染引起的疾病，主要表现为咳嗽、打喷嚏，头痛、流鼻涕，不拘季节，但通常症状较轻，很少有发高烧、肌肉疼痛或腹泻等全身症状。

鼻病毒学名“rhinovirus”，已知的包括 A、B、C 三种，并根据巴尔的摩分类法放置在小核糖核酸病毒科的肠病毒属。它们的直径只有 30 纳米，即便在整个病毒世界也算得上最小，艾滋病病毒的直径是它的 4 倍，天花病病毒的直径是它的 10 倍，但它仍然像大多数病毒那样，表面覆盖着样式各异的蛋白质，据此可以区分出 99 个类型。

鼻病毒的核心是一条能直接在宿主细胞内的核糖体上转化出蛋白质的 RNA。为了完成这种复制过程，鼻病毒必须侵入一个宿主细胞才能找到可用的核糖体。它们的外衣上包括了一些具有识别功能的蛋白质，鼻病毒 A 和鼻病毒 B 专门与人体的内皮细胞上的细胞间黏附分子（ICAM-1）相结合，鼻病毒 C 则与钙粘蛋白（CDHR3）相结合。

找到宿主的鼻病毒能在 15 分钟内侵入细胞，并且在 32~35℃时疯狂自我复制，这恰好是鼻腔咽喉等上呼吸道的温度。而人体细胞一旦受到侵染，也很快就会释放出细胞因子和趋化因子，唤起免疫系统的响应，宏观表现为上呼吸道敏感炎症，感冒症状随之到来。

所以，是否感冒的根本因素是鼻病毒有没有机会进入上呼吸道，而非冷不冷。如果气温真的很低，反而会降低上呼吸道黏膜的温度，减缓鼻病毒复制。空调之所以能增加感冒的可能性，是由其工作方式决定的。

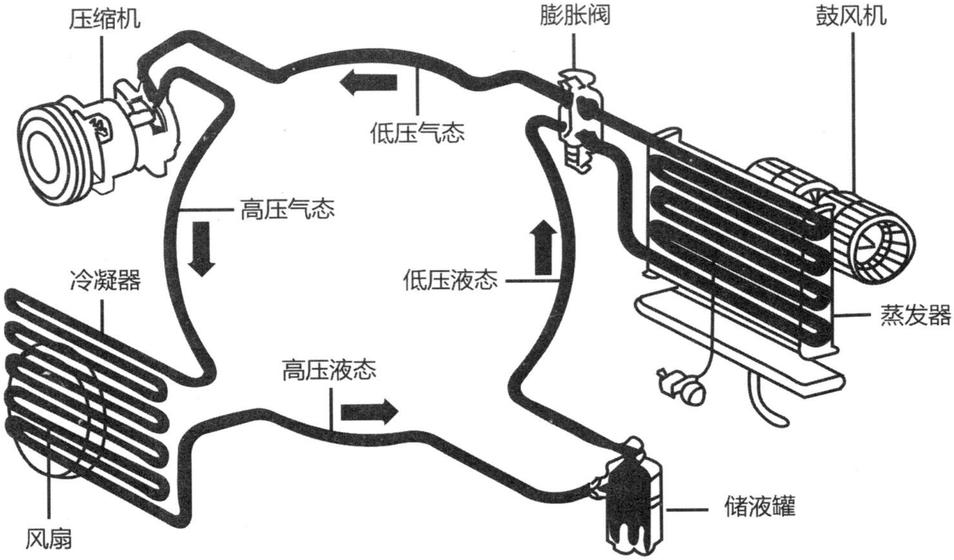

空调之所以能制冷，是因为蒸发器将低压液态的制冷剂蒸发为气态，从而吸收大量热量。空调扇叶将室内的空气从蒸发器中吹过，空气遇冷后，得以吹出冷风。同时，空气中的水蒸气则会遇冷凝结为水滴，并顺着水管排出。

经过不断的制冷循环，室内的温度越来越低，湿度也随之降低。干燥的室内环境和鼻腔，将使鼻病毒更容易扩散并接触上呼吸道黏膜；而使用空调需要关闭门窗，也让病毒更长时间滞留于室内，这都增加了人们在夏季接触鼻病毒的机会，尤其是在多人共用的办公室或起居室，危害更加明显。

比起感冒，更大的威胁是空调内部的各种细菌。空调滤网和散热器湿润密闭的环境能保持许多细菌的活性，使它们安全休眠甚至生长繁殖。大量细菌经过送风系统扩散到整个室内后，人们感染呼吸道疾病甚至过敏的机会自然大大增加。其中最著名的案例是嗜肺军团菌，已确定的至少有 50 种和 70 个血清型。这些革兰氏阴性细菌尤其喜欢不流动的冷水，常在空调凝结水中繁殖滋生，一旦经呼吸道进入肺部，就可能造成感染。具体表现为发烧、干咳、肌肉疼痛，甚至发展为肺炎，可能伴有厌食、倦怠、头痛、腹痛及腹泻等症状。

军团菌感染常被称为“退伍军人病”，因为最初发现它是由于 1976 年美国费城的退伍军人大会，因为空调卫生状况造成了大批退伍军人发生肺炎及呼吸道感染，最终导致 30 多人死亡。

直到今日，美国每年仍有近万人感染此病，中国虽然尚无官方统计数字，但可以预料，随着空调日渐普及，军团菌感染也会呈现逐年上升趋势。

晒被子的味道是不是烤螨虫的味道

有这么一则流传甚广的“毁灭小清新”流言，说“晒被子后好闻的阳光味道，其实来自烤焦的螨虫尸体”。要是你相信了这个说法，就未免太小看螨虫的生命力了。

“螨”是蛛形纲真螨总目的通称，已知五万多种，但家居环境中最常见的是羌螨目尘螨科的尘螨，它们长 170 ~ 500 微米，宽 250 ~ 322 微米，喜欢温暖湿润的地方，以脊椎动物脱落的皮屑为食。它们的排泄物、尸体和虫卵都非常微小，吸入后可能诱发鼻炎和哮喘等过敏症状。据统计，温带和亚热带的过敏病例中，由尘螨引起的达到 90% 以上。

不幸的是，尘螨是一个顽强的物种，晒太阳杀死它们的效果并不太好。

首先，要保证尘螨因为高温脱水而完全死亡，至少需要达到 55℃ 以上，但即使是在夏天的正午，也甚少超过 50℃，而且尘螨会主动迁往温度更低的被芯或背阴面，所以晒被子的温度还远不足以大量消灭它们。

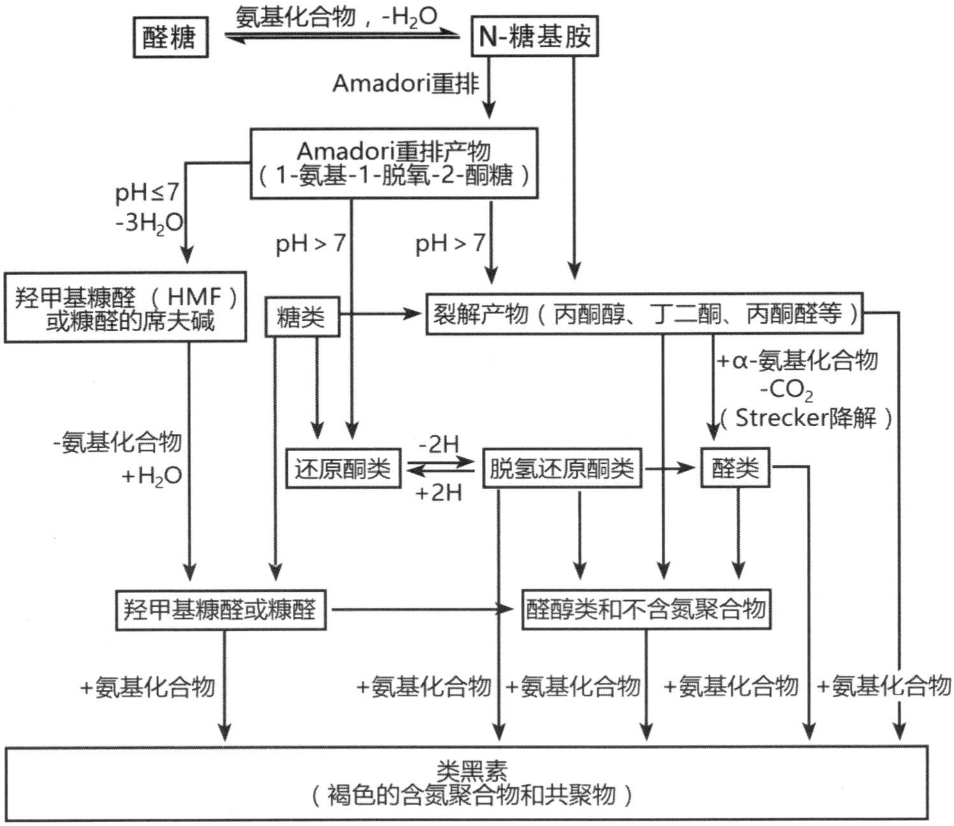

美拉德反应的过程图示——除了少数酸催化的中间步骤，整个反应需要在 140℃以上的温度中才能顺利完成

要想把它们烤出香味就更不可能，令糖分和蛋白质产生焦香味的“美拉德反应”需要在 140℃以上才会发生，即便尘螨身量轻盈，也不会降低该反应的温度需求。

其次，尘螨也不惧怕紫外线。有试验证明，即便使用医用的双管紫外线灯直射两个小时，尘螨的生存状态仍然很好，反倒是实验员的视网膜被烧伤住了院，而强度更低的阳光和“紫外线除螨神器”就更拿尘螨没办法了。

总之，晒被子本身就没法杀死太多尘螨，也不能让尘螨发生足够的气味反应，至于那种“阳光味道”，不同条件下有多种可能的组成，包括紫外线产生的微量臭氧，以及棉麻织物中纤维素被氧化产生的衍生物。

比如香兰素有香草的气味，2- 乙基己醇有花香味，甲苯有淡淡的甜味，这有些类似陈旧纸张的味道，但浓度更低，也清淡得多。这些物质在老化的纤维素制品中普遍存在，阳光暴晒会加速它们的产生和挥发，所以晒过的被子格外的“香”。

另外，相比被子，床垫才是尘螨们的大本营。相对温暖潮湿且结构稳定的环境极其适合尘螨繁衍，而人们每天掉落的皮屑又能成为尘螨充裕的食物来源，床垫自然成为了螨虫最活跃的地方。正常家庭环境里的床垫上的尘螨大概在十万至百万量级之间。

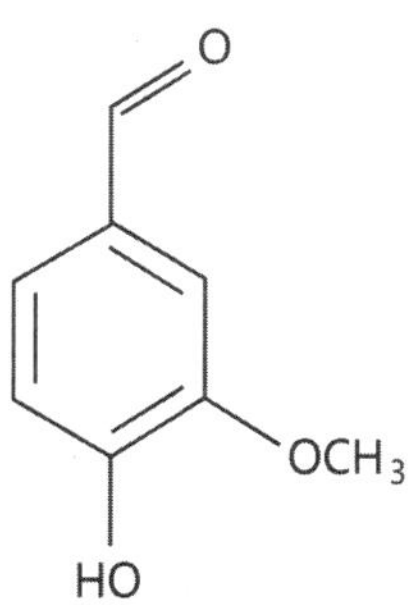

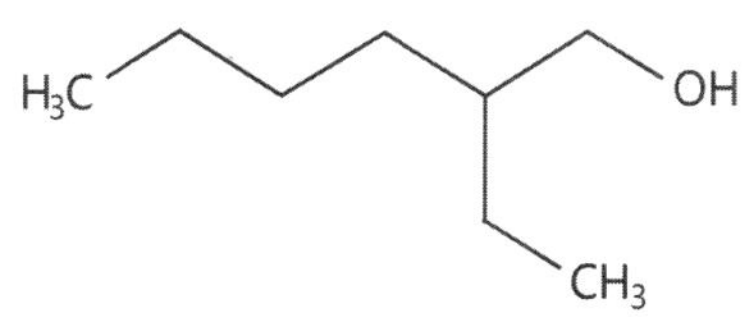

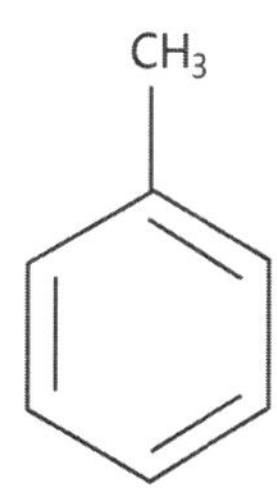

晒太阳是大多数家庭除螨的唯一方式。但实际上，预防螨虫过敏的重点并非杀死螨虫，而是清除螨虫衍生物。尘螨从幼虫期开始至死亡大概有 100 天的寿命，在这段不短的生命周期里，螨虫会产下 30 个卵和 2000 粒左右的排泄物。想要高效地去除这些微米级衍生物，吸尘器几乎是唯一的选择。

因为清除难度远高于普通吸尘需求，大部分的吸尘器并未专门对除螨进行设计。许多厂商会加入如拍打头、过滤网甚至是无效的紫外线灯等针对性设计，推出和吸尘器区分的专用除螨仪，但因为吸力本身不够强，许多除螨仪并不能很好地吸走床垫底层和夹层的尘螨衍生物。所以，如果你想放心地埋在被子中，享受阳光的味道，就必须选择吸力超强的吸尘器才行。

卫生巾发明前，来例假怎么办

对于女性来说，最痛苦的莫过于“每个月总有那么几天”。在这几天，不但饮食和休息都要注意，还要时刻担心弄脏衣服。好在如今女性卫生用品多种多样，大大地缓解了女性的焦虑。那你有没有想过，在卫生巾被发明之前，女性来例假的时候会怎么办呢？

事实上，除了极少可以作为我们“近亲”的灵长类动物外，人类女性是少数需要承受月经这一生理现象的动物。从原始社会开始，女性就需要借用干草或树叶等来揩拭血迹。但不难想象，其躺、坐、起、行等行为都会因经血不时流出而受到极大限制，除了简单的清洁，坐着不动是她们最好的选择。

一直到布匹和丝绸广泛应用的时期，才彻底地从处理方式上改变了对于女性这一生理特点的关注。基于布匹和丝绸柔软及可清洗的两大特点，古人发明了史上使用历时最久的生理卫生用品——月经带，它由小布条缝制而成，中间部分可装入草木灰等具有吸水效用的物质，再从两头牵扯出细线，以便系在腰间。

这一发明不仅改善了女性生理期的卫生状况，同时也解放了女性的身体，即便是处于生理期的女人也可以自由活动甚至参加劳作。

月经带的使用状况和更换频率与女子家庭的富裕程度直接相关。一些富裕的家庭不仅有固定时间更换月经带的要求，还会追求美感，在月经带上刺绣，其填充物也变为更加干净的棉花类物品。而在普通百姓人家，月经带的更换十分受限制，一些女孩只能用棉花塞住阴道来解决问题，终身未使用过卫生带。

在 1928 年刊载于《常识》的《月经带之形形式式》一文中，作者提到，起初因贫困造成的“不得以”后来衍变为一种迷信：“女人一辈子这个东西至多不超过三条，否则就犯了大罪。”

随着造纸术的产生和发展，草纸等容易吸收水分的东西派上用场。直接使用草纸或将草纸夹在月经带里成为较普遍的处理方式。这一方式在中国可以说是一直沿用到当代，至今仍然有人将其作为卫生巾的替代品。

在西方，月经带的使用史从封建社会一直延续到近现代时期。第一次世界大战期间，法国护士把便宜且吸水性强的美国伤兵绷带改为一次性月经带，直接促成了卫生巾这一极富创造性的发明。

1921 年，美国金佰利公司推出世界上第一种广泛销售的抛弃式卫生棉，1927 年强生公司也推出了一个卫生棉品牌——摩黛丝。

20 世纪 20 年代，卫生巾在欧美各国已市场化，但在此时的中国，关于月经带的迷信尚未破除，月经护理产品以个人制作为主。而这一话题也仅限于女子之间，成为隐晦的秘密甚至寓意不祥。

不过随着物质生活水平的提高和生理卫生意识的提升，妇女对月经带的需求量越来越大，市场上出现了月经带的售卖者。在《北洋画报》上就刊载过一则胡适与月经带售卖者交涉的趣闻。

民国后期，极少数上层家庭妇女开始用上卫生巾，此时的卫生巾需要从国外带回，只能被视为“尝鲜式”使用，月经带仍为最主要的消费品。即便当时已有不少中国人留洋海外，但是沿用了数百年的“月经带”倚仗着其制作简单并可重复利用的特点，在女性生理期仍然发挥着主要作用。

这一情况直到改革开放之前都未曾发生改变。在计划经济时期出版的健康科普类图书，如《健康小顾问》《农村妇女卫生常识问答》等还在介绍如何制作、使用和清洁月经带，甚至在 1981 年 11 月出版的《全国小学卫生宣教讲话》一书的附录中，仍着重介绍了如何制作“新式月经带”。

而在与中国形成强烈反差的欧美国家，这时候不仅对卫生巾的生产技术进行了革新，卫生巾广告也逐渐走进公众视野，成为消费时尚。巨大的差异造成了特定时期的特定尴尬。改革开放之初，有不少来中国旅游的外国女人意外地发现中国竟然没有卫生巾出售，被迫回归原始人面对月经的状态。

为了避免尴尬，1982 年，有关部门决定拿出宝贵的外汇进口卫生巾。不久之后，北京造纸十一厂也从日本引进了中国第一条卫生巾生产线。但产品在投入市场后又遇到了新问题，没有消费者愿意购买。

广大普通妇女对于卫生巾既不了解，也不习惯，更无法承受它的高价。统计数据显示，1985 年，卫生巾在中国的普及率仅为 2%；即使到了 1997 年，其普及率仍未达到市场的一半，只有 41.8%。

现今，无论是打开电视还是走进超市，都不难看到我们再熟悉不过的女性卫生用品。但没有卫生巾的年代离我们并不久远，考虑到对女性生理期观念转变的滞后性，可能在今天的某些偏僻、落后地区，也还有女人从未使用过这一物品。

为什么用黄色来表示色情

在现代中文里，用“黄色”表示色情、淫秽已经令人司空见惯。风月小说是“黄色小说”，色情网站是“黄色网站”，靡靡之音是“黄色歌曲”，政府“扫黄打非”的口号更是随处可见。不过，“黄色”并非天生与风月相关。

那么，现代汉语中正儿八经的“黄色”是如何变成色情、淫秽的代名词的呢？中国人民大学的黄兴涛、陈鹏在其发表在 2010 年第 6 期《历史研究》上的《近代中国“黄色”词义变异考析》一文中做出了详细的论述。简而言之，这是来自美国的“黄色新闻”在近代中国历史语境中流传、变异的结果。

所谓的“黄色新闻”，是 19 世纪末纽约报业大亨威廉·赫斯特与约瑟夫·普利策激烈竞争时期出现的新闻样式。在激烈的竞争中，赫斯特与普利策的报社争相迎合市民的趣味，新闻内容不够严谨，善用具有煽动力的笔法，尤其爱好夸张其词的大标题。“黄色新闻”的顶峰是 1898 年的美西战争时期，双方竞相登载耸人听闻的消息，为这场战争推波助澜。

“黄色新闻”中的“黄色”则来源于普利策麾下《世界报》的漫画明星“黄

孩子”。为了争夺读者，赫斯特花重金挖来画师为自己画“黄孩子”，而普利策也重新雇人继续连载。两家报社共同争夺的“黄孩子”因此成为两家报社及其新闻风格的象征，“黄色新闻”也因此得名。

民国初年,“黄色新闻”一词首次传入中国,最初是用于介绍这种新闻样式。20 世纪 30 年代以后，“黄色新闻” 概念的使用逐渐增多，一些流行的大众知识辞典也收录了这个词语。如 1940 年的《抗战建国实用百科辞典》，将黄色新闻解释为“报纸上所记载关于盗窃、风化及其他一切足以迎合一般人的低级趣味的新闻”，已包括了轻薄、低级趣味等方面。

而到了 20 世纪 40 年代中后期，“黄色” 语义忽然朝着色情的方面突飞猛进。

1946 年 5 月 12 日，有人在《申报》上指斥香港“黄色小报”专谈风月、诲淫诲盗,充满色情文字。同年 10 月 23 日的《新华日报》则指责统治集团纵容、利用色情的东西麻醉人民，于是，“黄色新闻书刊的来历，人民已经怀疑了”。

1946 年之后，“黄色”一词已经开始被广泛运用到刊物、音乐、电影、文学等主要文化领域，“黄色刊物”“黄色音乐”“黄色电影”“黄色文学”等令人熟悉的词汇纷纷出现，甚至“扫黄”一词也已问世，其色情含义已经基本定型。

为什么色情含义会在 1946 年前后忽然变成“黄色”的主要词义？这与抗日战争结束后的社会环境密切相关。在上海、广州等大城市，人们从战乱的压抑动荡中舒缓过来，萌生了争相享乐的风气，色情文化一度泛滥成灾。对于这些现象，一些人抓住了来自美国的“黄色新闻”“黄色刊物”，把它当成一个时髦词汇用于批评。

学者朱光潜就是此类典型。在 1948 年的《刊物消毒》一文中，朱光潜提及“印着电影名星乃至于妓女照片的红红绿绿的小型刊物”时写道：“我说‘红红绿绿的’，本是事实，不过据说它们的通行的台衔是‘黄色刊物’，为什么是‘黄色’，恕我无知。”他一方面表示疑虑，一面也随众地照用，以“黄色刊物”称之 。

而国共对峙的政治背景与抗日战争结束、内战兴起时的舆论环境则极大推动了被误用的“黄色”概念的流行。1946 年，学者吴晗指责国民党封杀民主刊物，却使“色情的黄色刊物摆满了每个报摊”。林默涵也指责反动派利用黄色小报等色情的东西来腐蚀人心。

1949 年后，“黄色”一词继续被广泛使用。1952 年出版的《新订新名词辞典》写道：“西洋习惯，黄色象征卑鄙污浊，故带低级趣味的淫秽书刊，就叫黄色书刊。”“黄色是色情的代表，黄色音乐就是一般专以迎合小市民的低级趣味的淫靡恶劣的音乐。”从此沿用至今。

为什么没有绿色的哺乳动物

我们身边有很多哺乳动物，比如喵星人、汪星人。可是留神观察一下我们不难发现，没有绿色的哺乳动物。而事实上不只是没有绿色，除了鲜血的红色和毛发的金黄色，哺乳动物一般缺乏鲜艳的颜色，相比其他脊椎动物，这的确有些例外。

脊椎动物界可以说是色彩斑斓，有各种颜色的动物。例如，花斑连鳍䲗俗称七彩麒麟，是广受欢迎的海水水族箱观赏鱼；红犁足蛙，俗称马达加斯加彩虹蟾蜍，因为太鲜艳而陷入宠物贸易的深渊，已经濒临灭绝；豹变色龙俗称七彩变色龙，通常是绿色，但在繁殖期间会变成鲜艳的彩虹色；七彩文雀俗称胡锦鸟，是优派显示器的商标图案，因为宠物贸易已在野外濒危；印度巨松鼠身上红紫相间，在哺乳动物的色彩上已经堪称极致。

为什么没有绿色的哺乳动物？对于这个问题的回答包括两个方面，一方面与生理结构有关，另一方面与适应性有关。

首先，我们要大致明白动物的鲜艳颜色来自哪里。通常来说，动物身上鲜艳的暖色调几乎都来自类胡萝卜素和蝶酸等色素，它们能吸收较短波长的可见光，表现出红橙黄色。尤其是类胡萝卜素，它原本是植物在光合作用中的辅助色素，动物本身缺乏合成它们的能力，但可以通过食物链大量富集。所以如果用缺乏类胡萝卜素的饲料喂它们，它们就会褪色。

詹姆斯火烈鸟是动物通过食物链富集类胡萝卜素最经典的例子：甲壳动物滤食藻类，将类胡萝卜素转化为虾青素；火烈鸟又滤食甲壳动物，虾青素从结合蛋白中分离出来，富集在羽毛中，显出鲜艳的红色。蓝紫色则通常不是色素，而来自各种各样的光学结构，典型的比如鸟类羽毛上细小结构产生的衍射光栅，或者某些细胞里嘌呤结晶产生的光子晶体。

白腹紫椋鸟的羽毛能衍射出强烈的蓝紫色，并与少许类胡萝卜素混合成非常艳丽的紫色。鱼类鲜艳的蓝色与它们表皮细胞内的鸟嘌呤晶体有关，这种蓝色常有金属光泽。而绿色有些特殊，仅就脊椎动物来说，它们通常会综合两种显色方案，在体表用色素显出黄色，再用光学结构显出蓝色，二者叠加，就成了绿色，比如青蛙就是这样。

华莱士飞蛙是一种运动能力非常强的青蛙，几乎终生不落地，而且能在树冠中滑翔。但它们和所有绿色青蛙一样，都有三层色素细胞，即下层是黑色素细胞，中间是黄色素细胞，最上层是富含鸟嘌呤晶体的虹彩细胞，通过反射和干涉产生明亮的蓝色，三种颜色最终混合成有深浅变化的绿色。

在哺乳动物身上，产生绿色最大的难度在光学色的部分上：相比鳞片、羽毛，或者裸露的表皮细胞，哺乳动物的角蛋白毛发虽然非常适合保温，但也缺乏精细的微观结构，表面只有一层粗糙的毛鳞片，很难让可见光发生规律的干涉和衍射，这让哺乳动物失去了制造蓝色和紫色的能力。

但仍有极少数脊椎动物能合成绿色素积累在体表，比如焦鹃科的鸟类，但哺乳动物同样没有开发出类似的代谢途径，甚至不像其他脊椎动物那样通过食物链富集类胡萝卜素，连唾手可得的红橙色也放弃了，这就涉及了适应性的问题。

焦鹃是唯一一种能合成绿色色素的鸟，这种绿色的焦鹃素是一种铜的尿卟啉螯合物，而卟啉类物质在脊椎动物身上极其多见，比如血红素就是二价铁的卟啉螯合物。简单地说，无论警戒、婚姻还是伪装，动物体表的鲜艳颜色都是一种信息，采用多大的信号宽度取决于接受者的识别能力，如果接受者看不到鲜艳的颜色，那它们就不值得煞费精力进化出鲜艳的颜色。而鸟类、爬行类、两栖类、各种鱼类乃至昆虫都有良好的色觉，它们之间的生态关系也就促成了色彩上的军备竞赛。

天蓝丛蛙是一种箭毒蛙，它们失去了黄色素细胞，露出了鲜艳的蓝色，用来警示鸟类和爬行类捕食者：我有毒。可哺乳动物有所不同。在中生代，哺乳动物共同的祖先经历了一段穴居和夜行的日子，而感受颜色的视锥细胞需要很多光子才能激活，所以控制色觉的基因在黑暗中不再受到强烈的自然选择压力，无法剔除有害的突变。到新生代早期，哺乳动物的视锥细胞已经只剩下绿和蓝两种，根本看不见鲜艳的红橙色，缤纷世界在哺乳动物眼中只有深浅不同的黄色和蓝色。因此，哺乳动物不需要为了吸引异性制造鲜艳的婚姻色，甚至不需要鲜艳的警戒色和绿色的伪装色，因为哺乳动物的天敌通常也是哺乳动物，猎物也通常是哺乳动物，只需要棕黄色就能蒙混过关，比如老虎黄黑相间的条纹，在鹿的眼里就和大森林一样，所以鹿通常都很难发现老虎。

当然，这个规律也有例外，比如灵长动物是完全树栖并以嫩叶和果实为生的热带哺乳动物类群，识别不同状态的植物对它们来说非常重要，所以旧大陆的灵长动物，以及新大陆的雌性灵长动物，就分别通过基因重复和等位基因多态获得了红色视觉，建立了三原色，既然能看见红色和绿色，就能进化出一些红色和绿色信息。

然而这段进化历史还不够长，尚未出现给毛发染上绿色的门道，只出现了很多裸露青绿色皮肤，这主要通过血液的瑞利散射和丁达尔效应，叠加一小部分黑色素构成，原理类似人的青筋，典型的比如山魈的脸。山魈是世界上最大的猴，因为出现在《狮子王》里而著名，它们的雄性头领会在鼻翼附近长出鲜艳的红色、蓝色、青绿色皮肤。另一个典型是非洲的绿猴，它们的雄性有绿色的阴囊和红色的阴茎，它们喜欢时常摆弄，向雌性炫耀。

最后，平心而论，人类从来没有跳出进化的掌握，如果树懒因为身上长满绿藻也算作绿色的哺乳动物，那么因为文化而变得缤纷的人类当然要在“最鲜艳的动物”里占有一席之地。毫无疑问，人类的婚姻色是动物界最鲜艳的，即便我们比鸽子少看到一两种颜色。

胎教是哪国发明的

大概从独生子女政策实施以来，胎教就是中国孕产保健市场的重头戏了，几乎每本写给孕妇的国产图书都会介绍它，从未尝试胎教的孕妇少之又少。而且，绝大多数胎教产品都喜欢自称是西方科学研究的产物。

被胎教文化大力推崇的莫过于莫扎特的音乐，但实际上，西方却鲜有“胎教”这个概念，英语里表示“胎教”的词汇是“taegyo”，直接从韩语音译而来。而韩国虽然有自己的传统胎教理念，并于1800年由师朱堂李氏写成《胎教新记》一书，但它的主要思想均是由中国传过去的，也就是说胎教实际是古代中国人发明的。

早在汉代，《大戴礼记》就曾引用《青史子》（汉代失传文献）的记载，阐述了周王室的“胎教”理念：“古者胎教，王后腹之七月而就宴室，太师持铜而御户左，太宰持斗而御户右，太卜持蓍龟而御堂下，诸官皆以其职御于门内。比及三月者，王后所求音声非礼乐，则太师抚乐而称不习；所求滋味者非正味，则太宰倚斗而不敢煎调，而言曰不敢以待王太子。”这段话的意思是：要求朝臣必须用最正统的礼仪侍奉怀孕的王后，因为此时侍奉王后就相当于侍奉太子。汉代刘向的《列女传》亦有载：“太任者，文王之母，挚任氏中女也。王季娶为妃。太任之性，端一诚庄，惟德之行。及其有娠，目不视恶色，耳不听淫声，口不出敖言，能以胎教。溲于豕牢，而生文王。文王生而明圣，太任教之，以一而识百，卒为周宗。君子谓太任为能胎教。”认为文王之所以贤明，就是因为其母在怀孕期间端正了自己的举止，实施了正确的胎教。

上述关于周朝的历史记录是否属实权且不论，起码说明胎教文化的成型时间不会晚于汉代。在古人看来，外界的礼乐声光都能影响到胎儿未来的智力品行，孕妇必须严格控制自己的见闻、情绪、言行甚至思想才能保证胎儿的健康成长。这种观念和现代西医理论显然没什么联系，但却深深影响了中医相关理论的确立。

在中国古代社会，政、礼、巫、医在学术上使用的往往是同一套理论体系。1973 年湖南长沙马王堆汉墓出土的中医著作《胎产书》，就表达了与前文提及的胎教文化相类似的观点。该书提出，要提高胎儿出生后的素质，就必须施以严格的胎教。妇女在怀孕期间应尽量与丈夫接触，不能观看侏儒和猕猴，否则胎儿会由于“见物而化”，导致外貌、智力、人格等受到负面影响。后世的中医学者基本上都继承了先代的胎教理论。例如，唐代名医孙思邈就在其《千金方》中论述道：“旧说凡受胎三月，逐物变化，禀质未定。故妊娠三月，欲得观犀象猛兽珠玉宝物，欲得见贤人君子盛德大师，观礼乐、钟鼓、俎豆、军旅、陈设。焚烧名香，口诵诗书，古今箴诫，居处简静。割不正不食，席不正不坐。弹琴瑟调心神，和情性节嗜欲。庶事清净，生子皆良。长寿、忠孝、仁义、聪惠、无疾，斯盖文王胎教者也。”

由此不难看出，现代的“音乐胎教”和“语言胎教”等思想，和此时的中医胎教理论几无二致。不可否认，20世纪现代医学的一些实验结果的确证明胎儿能“听到”外界播放的音乐，甚至能“看到”微弱的外界光照。然而并没有直接证据证明这些声光效果能对胎儿的智力发育起到良性作用，也没有类似的胎教观点得到过现代医学的权威认可。在脂肪、羊水甚至内脏的隔离下，对胎儿而言，一段莫扎特的优美音乐或者一段激情澎湃的诗词朗诵恐怕只是一阵嗡嗡的噪声。

人为什么要穿内裤

可以说，内裤已经成了现代人的标配，就连超人这样的人物，都要穿一条内裤，只不过是内裤外穿。虽然理论上讲，人不穿内裤是可以的，但在今天，任何衣物都已经脱离了单纯的保暖遮盖“防摩擦”功能，成了一种社会文化的符号。内裤就是一种典型的被社会建构的衣物。

最早的内裤实物，一般认为来自5000年前的战士“奥兹冰人”。这位意大利先民在阿尔卑斯山上冻成了木乃伊，1991年被发现时，身上的三层服装下面是皮革制的缠腰带。这被认为是内裤的雏形。埃及法老图坦卡门的遗体出土时，也裹着如日本相扑士一般的兜裆布。

男性内裤的演化与实战中的防护作用关系密切。古希腊男性最初以宽松为着装标准，历史学家推测，公民的袍子下面不着一物，只有需要体力劳动的奴隶才穿兜裆布。

古罗马人最初沿袭希腊的装扮风格，后来则从敌对的“蛮族”那里学到了穿内裤方便作战。在中国，商代的“蔽膝”被认为是内裤的雏形，起到保护腰胯的作用。

到了中世纪，为了骑马方便，欧洲骑兵的盔甲经常用锁子甲或皮革等护住裆部，骑士半站在马镫上作战。同时，为了展现自己的男性气概，在一些盔甲中也会出现如同香蕉的配置。

因此，搭配盔甲的亚麻“秋裤”式内裤出现了。这种内裤到膝盖上方左右，宽松而舒适，可以将长袜系在上面，因此广受骑士们欢迎。

到了文艺复兴时期，类似于垫片的遮阴布的出现使内裤的型号变得更大，男性看上去也更雄伟。16 世纪的男性内裤往往呈现夸张的形态，有些男性甚至把私房钱和性病药藏在内裤中。

女性的内裤则沿着一条不同的路线演化：与男人对女性身体的态度相关。最初，各民族女性多不穿内裤。在中国，一般认为汉代之前女性不穿内裤。一个著名的说法是：汉代重臣霍光为了限制皇帝宠幸除了本家上官皇后的其他嫔妃，“虽宫人使令皆为穷绔，多其带”。穷裤最初是无裆的及膝长的内裤，后来演变出有裆的、男女都穿的样式。

虽然有史学家发现古罗马女性有穿三角短裤的习惯，但这一习惯并不普及。由于古代女性换洗条件不如今人，一块肮脏的布很可能成为疾病的温床。迟至 18 世纪，西方女性依然有不穿内裤的习惯。据传说，彼得大帝（一说是拿破仑）曾目睹一位贵妇在街上“露底”，并写下了“天堂之门在我面前訇然打开”。19 世纪，短裙的流行使得作为内裤的灯笼裤重回西方，这才终结了女性不穿内裤的历史。

20 世纪，现代的短内裤普及开来。除了美国人乔奇发明的第一条 Y 形三角内裤、拳击手苏利文热爱的长式拳击内裤和牛仔裤品牌李维斯的助推之外，现代内裤火遍全球还有一个不可忽视的因素：超人。

超人为何内裤外穿？粉丝们几乎争辩了一个世纪。一种比较有影响力的说法是，由于早期漫画印制粗糙，需要通过鲜明的色彩来表现人物个性。为了表现超人的男性阳刚之气，又避免单纯使用线条引起的尴尬，画家就在蓝色紧身衣外画了一条红内裤。这种精神大概与 16 世纪夸张的护裆甲一脉相承。

“超人”这一形象意外地将内裤推向了大众。在战争的年代，内裤提供了一种便宜而实用的、表现男子气概的方式。

虽然现代内裤被看作文明、舒适的象征，但内裤带来的不适，经常远超其消除的不适。衡量内裤是否舒适，主要有压力舒适性、热湿舒适性、安定性等几个指标，分别衡量松紧程度、面料透气与散热程度，以及在人身上移位的难易程度。这些指标中的任何一个出问题，都会导致糟糕的穿着体验。

目前，市面上流行的男性内裤多互相剥样，或从女性内裤的样式改成男性内裤，根据人体测量来设计的男性内裤尚不多见；女性内裤则多以样式性感为导向，忽视穿着的舒适性。因此，选合适的内裤是一件极难的事情，不断有科学家称：不如不穿来得健康。

到今天，穿不穿内裤已经成了一种姿态的展示，不少女权主义者会刻意不穿胸罩与内裤上街。2011 年 11 月 17 日，在伦敦，57 个年轻人同穿一条长达 5 米的内裤，创造了“最多人同穿一条内裤”的吉尼斯世界纪录。

各国供电的电压和频率为什么不一样

虽然世界各国电力系统普遍输送正弦交流电，但电压和频率却各不相同。这是因为电压频率差异几乎是个历史遗留问题，很难改弦易辙。

1885年，塞尔维亚人特斯拉（1856—1943）将交流发电机专利卖给了美国西屋电气公司。8年后在芝加哥举办的纪念发现新大陆400周年世界博览会上，西屋公司用特斯拉交流系统点亮了18万只电灯。此后，利用变压器变换电压的交流电系统以其长距离、低损耗优势逐渐被广泛采用。

交流电地位确立后，频率问题便摆在了欧美各国面前。在电力工业发展早期，一度出现了多种供用电频率并行的局面。西屋公司曾经实验了不同频率的正弦交流电，结果表明，频率低时输电线电能损耗也低，但照明设备在低频率环境下很容易产生闪烁，频率至少达到50Hz才能避免。而过高的频率会导致电力传输效率下降，反复实验后，西屋公司将电源频率固定为60Hz，美国联邦政府也开始在国内推广60Hz频率标准。

但在1900年巴黎举办的世界博览会上，欧洲各国订购了20套发电设备，其中16套频率为50Hz，3套42Hz，1套25Hz。以此为基础，欧洲供电频率逐渐向50Hz靠拢。

随着欧洲、美国各自供电频率的统一，其他国家和地区也都分别以这两个频率作为各自的标准频率。以日本为例，1896年东京电灯公司从德国AEG公司订购了6台265kW、50Hz发电机，1897年大阪电灯公司从美国GE公司订购了5台150kW、60Hz发电机。因此，至今日本仍采用两种供电频率，以静冈县富士山和新潟县的丝鱼川市为界，东部50Hz，西部60Hz。

在电力使用早期，爱迪生的通用电力公司首先在美国使用110V电压为客户提供直流电。而后，特斯拉发明了3相的240V交流电，但出于安全考虑，电压被降低到110V。在西屋电气公司的资助下，特斯拉交流电体系最终击败爱迪生的直流电体系，成为美国供电的新标准。

不过110V电压较低，同功率下，比220V时电流大，用铜多，电网传输损耗较大。当时处于欧洲垄断地位的德国AEG公司发现了这一问题，将电压规格改为220V，于是欧洲国家就形成了220V/50Hz的交流电网标准。

后来，美国也一度考虑改用220V来提供城市用电，但由于美国家庭中适配110V电压的家电过多，此时更改电压规格会造成大量浪费，于是不得不继续采用110V标准至今。110V电压后来也影响到日本，并通过日本影响了中国的台湾。美国周边加拿大、墨西哥也采用了110 ~ 120V的标准。

英国早期电压是240V，后来为了和欧盟标准统一，改为230V。大多数英联邦国家和英国海外领地都继承这一标准，如澳大利亚、新西兰、印度等。

法国电压标准为230V，受其影响，几乎整个欧洲大陆的电压都在

220 ~ 230V 上下，其在亚、非、拉的前殖民地多数也采用这一标准。

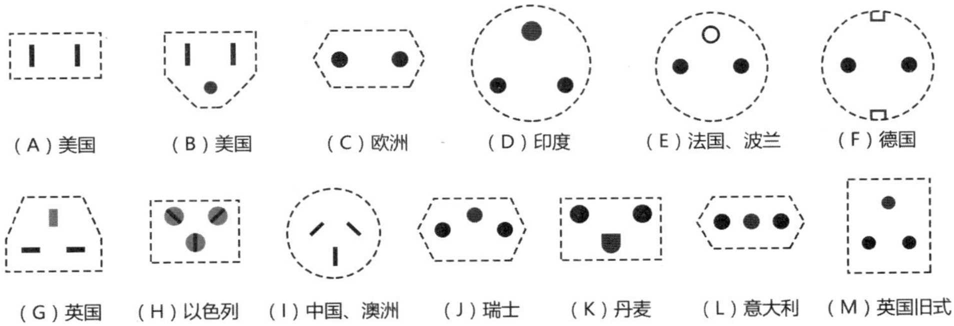

中国使用的电压和频率标准，是由电力工业基础较好的地区直接继承而来的。

20 世纪早期，中国大陆的汽轮发电机组全部来自国外，电压频率繁杂，给电力设备的制造、使用和管理带来极大不便。当时使用电力最普遍的上海共有 8 家电厂，其中 7 家采用 50Hz 频率，只有 1 家是 60Hz。

1928 年 7 月 16 日，上海的灯泡制造商亚浦耳公司向上海社会局公用局呈文，建议规定 220V 和 50Hz 分别作为中国标准电压和标准频率。

东北的伪满政府则规定：“全满电气设备的标准频率统一为 50Hz，今后电气设备除特殊情况外一律采用标准频率。”

基于此，1949 之后制定的全国供用电标准，也都采用了 220V/50Hz 制式。

尼古拉·特斯拉真有那么神奇吗

说到特斯拉，大家在第一时间想到的一定是那辆价值不菲的电动汽车。不过我们在这里要说的，是特斯拉汽车公司命名的来源——尼古拉·特斯拉。

首先必须肯定，特斯拉是一个伟大的发明家和工程师，在19世纪80年代赢得“电流战争”，在1894年成功实现短波无线通信之后一度被评价为“美国最伟大的电机工程师”。1985年，他发明的多相电力传输技术应用在世界第一座水力发电站中（尼亚加拉发电站），他还是X射线的早期研究者之一，在电磁学上的贡献使得国际单位制以“特斯拉”作为磁通量密度的单位从1960年起沿用至今。

但是公众对特斯拉的“崇拜”并不直接来源于他上述的杰出贡献，反而来自他晚年的古怪生活：从20世纪30年代开始，独身的特斯拉在纽约变得深居简出，痴迷于高能电磁武器的研究，这种武器被传说成“死亡射线”，但直到他1943年死于心衰，仍未完成，其间以怪异的举止为人侧目，令他成为大众文化里“疯狂科学家”的原型。

特斯拉淡泊名利，不像与他关系密切的爱迪生那样被赞誉笼罩，非常适合戏剧性的虚构。从 20 世纪末到 21 世纪初，大批的小说、广播、影视、漫画、音乐剧乃至电子游戏中都出现了他的名字，除了以《红色警戒》为代表的“特斯拉线圈”，2007 年的《刺客信条 2》甚至声称，特斯拉带来了“4 号金苹果”，可以让人类拥有用之不竭的能源。因此，他成为了圣殿骑士们攻击的对象，爱迪生也是其中之一。

像这样以特斯拉晚年的怪谲生活为灵感，演绎特斯拉与爱迪生两位名人早年恩怨的大众文化作品非常丰富，21 世纪以来，随着互联网亚文化的发展，特斯拉逐渐被传送成一个“被政府和权贵阴谋打压的单纯而实干的科学家”，于是他的诸多生平事迹都被添油加醋地夸大，甚至在某些人口中得到了“与达芬奇和爱因斯坦比肩”的不实殊荣。

在流传甚广的特斯拉轶事中，有很大一部分歪曲了事实，比如声称特斯拉比伦琴更早发现了 X 射线，但事实上特斯拉和当时所有见过“阴极射线”的人一样，只知道它是“放射能”，也没有公开自己的实验成果。再比如 19 世纪 80 年代，美国在尼亚加拉瀑布上修建了世界上第一座水电站，其中采用了特斯拉发明的多相电力传输技术，但被讹传为“特斯拉建造了世界上第一座水力发电站”。

又比如特斯拉曾在 1917 年的《电力实验》杂志上撰文称可以利用高频电磁波在海底反射来探测物体，这一原理接近雷达。但是特斯拉的观点非常错误，高频电磁波在水中衰减极快，根本不能用作雷达。但是这一稚拙的构想却变成了“雷达是特斯拉的点子，全怪爱迪生打压才没能实施”，几乎要把罗伯特·瓦特的真正功劳抹杀掉了。

除此之外就更有一部分是在肆意杜撰了。比如声称特斯拉在 1937 年发表了《引力的动态理论》，是当代高能物理大统一理论的先驱，甚至称其“完美无瑕”，只是被政府打压未能发表。而事实上这只是特斯拉无法接受爱因斯坦的相对论，才在一封信中提出了这个拥护“以太说”的概念，并无任何进一步的阐述。而且在那个连强相互作用都没有充分认识的年代，大统一的理论根本无从谈起，即便晚年的爱迪生也在电磁力和万有引力的统一上浪费了生命。

至于“特斯拉的沃登克里弗塔能向全球输送电能，但是摩根却关闭了它”这个经典案例，就更是无稽之谈，前者实际上是一座无线电传输塔，而绝非电能传输装置，摩根关闭它是因为马可尼率先完成了无线电传输实验，特斯拉的研究已经失去了商业价值。更别提“特斯拉是通古斯大爆炸元凶”这样荒诞不经的都市传说了。

总而言之，特斯拉作为一个发明家和工程师，一生中拥有千余项专利，包括 700 多项个人专利，已经足以证明他的伟大，但距离“神”还远远不够。他在物理学基础理论上并没有明显的贡献，还在永动机上下过功夫，观念落后，更不能与爱因斯坦这样的新物理开拓者比肩——当然，这些绝不能成为他的过错，科学家和普通人一样源自具体的时代，更何况那些吹嘘的谣言也没有经过他本人同意。

为什么鸡可以天天下蛋，而别的鸟不行

养过蛋鸡或者有过农村生活经验的人通常都知道，产卵期的母鸡往往能以每一天到两天一个的速度持续下蛋。许多人以为这是鸡的异能，因为鸡可以天天下蛋，别的鸟却做不到。但实际上，母鸡并没有什么特殊之处。

相比其他脊椎动物的卵细胞，鸟类的蛋特别大，因此需要保持轻盈身材的雌鸟无法一次产下所有的蛋，而要在一个较长的产卵期内间歇性地攒下一窝蛋，其间不断离巢补充营养。鸟的受精卵也与之适应，离开母体之后就暂停分裂，直到亲鸟开始抱窝才重启发育。

母鸡也不例外，它们在产卵期选择固定地点每一两天进去下一个蛋，下满 10 个左右的时候就认为数量足够，停止产卵和进食，坐在上面连续抱窝。为了保持均匀的湿度和温度还会时不时地翻动鸡蛋，直到 3 个星期以后雏鸡孵化。所以母鸡的特别之处不在于每天下蛋，而在于在长达几个月的时间里每天下蛋。这是为什么呢？

母鸡是否开始抱窝主要由鸡蛋数量的视觉信号来调控，但在家养环境下，鸡蛋一旦产下就会被取走，母鸡迟迟得不到“一窝蛋”的视觉刺激，就会日复一日地继续产卵了。加上人类在漫长的驯化中不断选育产蛋效率高的品种，并且用高营养饲料和人工灯光延长鸡的产卵期，蛋鸡往往能以每月 28 颗的效率全年下蛋 300 颗以上。

当然，并不是所有的鸟类都适合用这套方法驯为蛋用禽，除了驯化难度高以外，对于那些对季节敏感或者一窝蛋数量较少的鸟类来说，视觉信号的作用没有那么关键，如果持续拿走鸟蛋，它们很可能索性放弃这个繁殖季，抑或照样进入抱窝期而停止下蛋。

有一些鸟类，雏鸟孵化后立刻就能跟着亲鸟到处觅食，称为“早成雏”，是鸟类进化中较早出现的类型，多见于走禽、游禽和涉禽，尤其是鸡形目和雁形目。它们的食物常常较难集中收集，必须尽早跟着亲鸟四处觅食，但这也增加了意外死亡的概率，所以要代偿性地增加产蛋量，往往一窝可达 10 枚左右。

早成雏鸟类由于产蛋量更大，产卵期更长，抚养雏鸟的不必是亲鸟，也就更容易被驯养成蛋用禽。鸡形目鸟类中除了鸡以外，火鸡和珠鸡年产蛋量也都在 150 枚以上，鹌鹑则可以达到 200 枚以上。雁形目鸟类中，家鸭的产蛋量与鸡不相上下，家鹅（欧洲为驯化的灰雁，东亚为驯化的鸿雁）年产蛋量可达 100 枚以上。尤其是家鸭，相比祖先绿头鸭，它们甚至因为产蛋太多丧失了抱窝的习性，以致农村里的鸭子大都是母鸡孵出来的。

然而绝大多数鸟类的雏鸟软弱无力，须由亲鸟哺育至其学会飞行和捕猎才能离巢，这些鸟类称为“晚成雏”。鸣禽、攀禽和猛禽都是通过这种方式有效地解决了幼鸟不会飞行和狩猎的问题，但它们养育雏鸟的成本极高，所以产蛋量也较低，一窝很少超过 5 枚。

最后，早成雏和晚成雏并没有明确界限，也不是雌鸟产蛋量的唯一因素，每一个物种都有具体的生态位，这些因素综合决定了某种鸟类是否能成为母鸡这样一日一蛋的蛋用禽。

地图为什么总是上北下南

从开始接触地理，我们就接触了地图，记住了“上北下南左西右东”，那么，地图就应该上北下南吗？

这是又一个约定俗成、极少有人会质疑的惯例，现代地图几乎清一色的上北下南，极少有人挑战南北方向。

这是“自古以来”的传统吗？

似乎是这样。古代中国，也许受西晋裴秀的地图集《禹贡地域图》的影响，除了几乎无地图残存的元朝，宋到清的国家地图几乎清一色以北为上。

比如宋代《九域守令图》《禹迹图》《华夷图》《地理图》；明代《广舆图》《大明混一图》《杨子器跋舆地图》等；大部分的清代全国地图都是如此。但是，并不是所有地图都如此。

《古代海防图》《边防图》《方志附图》等就没有统一的方位规则。南、北、东、西为上皆有出现。清学者俞正燮《癸巳存稿》中“凡舆地悬图宜以北为上，其几案展阅之图宜以南为上，以坐阅多向明也”也证明了这一点，制图人的主观判断会影响地图的方位。

世界范围内更不统一。比如古代阿拉伯人的地图习惯以南为上（可能是麦加圣城在阿拉伯世界的南方的原因），刚好和西方相反。更多的地区绘图本身就谈不上规范，就是根据现实需要制作，怎么方便怎么来，没有一致的朝向。

是谁让地图变成以北为上的呢？和大部分现代规范一样，还是欧洲人。他们的绘制习惯统一了全球的地图模式。

好像又一个欧洲中心思维的靶子可以被立起来了，他们将自己的国家放在地图的顶端，这是一贯的自大心态作祟。

且慢。真实的故事远比论断复杂，北上的确立既有偶然性，也和航海技术的发展息息相关。这要从古代地中海地区开始说起。上北下南地图的雏形可以追溯到今埃及的亚历山大港。

罗马帝国时期，地中海内部和跨海域的海上贸易越发繁荣。地中海东部货物集散地的亚历山大港人因此获取了丰富的欧亚大陆地理知识，为早期的地图制作提供了必要信息。

天文学家和地理学家托勒密是其中的佼佼者。当时，他完成了具有划时代意义的著作《地理学》，收集了约 8000 个地方的经纬度，附有 27 幅地图，描述了两种地图投影方法（将三维球面通过数学法则转换为二维平面方法），最后一点尤为重要，它决定了地图的呈现方式。

什么是地图投影方法？

简而言之，是用一定的数学法则，把地球椭球面上的经纬网转换到平面上的方法。为什么要有这种投影方法呢？理由很实际，地球是一个不可展开的球体。想象一下，将地球仪的表面铺平，褶皱、拉伸和断裂当然不可避免，地图投影就是让曲面向平面有序转化的工具。

很可能是为了地图投影的便利，奠定了上北下南的位置分布。

托勒密就选择了以北为上的指向。他自然知道地球的地轴指向北极星，所以，对投影交集点的选择，最方便莫过于选定为北极上空某一点，将“北”方位置于地图的顶端。

但这个开端没有被罗马帝国之后的人们重视，地图绘制方向一度陷入混乱。中世纪时期，信仰成了欧洲人绘制世界地图的灵感来源，地图多转变为以东为上，《圣经》中的伊甸园被认为在世界的最东方。

这种情况持续了数百年之后，才又出现了另一种以北为上的地图。

11 世纪，意大利城邦从阿拉伯帝国手中夺回了西西里岛等诸多地中海岛屿的控制权，并在第四次十字军东征（1202—1204 年）中将贸易区域拓展到东地中海。

一个看似意外的收获改变了欧洲，经阿拉伯人流传而来的指南针，极大地提高了意大利城邦的航海技术。

指南针的使用当然影响了地图的绘制，直接催生了更高水平的海图，绘制于 13 世纪末的意大利诸城邦的波特兰海图是迄今发现的最早的欧洲海图。

具体而言，波特兰海图突破了以北极星为航海导航坐标的局限，以风雨无阻、稳定准确的指针替代。

指南针的一端指向北极星方向，北极星和指南针同时帮助定位，无疑更为保险。这强化了以北定位的传统，波特兰海图通常都是按照上北下南的方位绘制。

大航海时代来临时，波特兰海图被应用于更为广阔的大西洋。1406年，被欧洲遗忘了一千多年的托勒密的《地理学》由拜占庭人安杰勒斯从希腊文翻译成拉丁文，其学说和地图成为当时南欧人最佳的地理指南，不断积攒的经验，又促进了更多的地图绘制。

但二者都有弊端，托勒密世界地图的大陆轮廓几乎是靠想象绘制；波特兰海图则没有考虑圆形地球的曲率，在大范围的海域内使用时，地图恒向线会有较大偏差。

1569年，佛兰德（今比利时北部）地理学家墨卡托绘制了第一张使用“墨卡托投影法”的航海世界地图，三维球面能通过数学方法转换成二维平面，并且能保证恒向线在地图上显示为直线。

也就是说，在这种地图上测量好出发地到目的地的恒向线和经线的角度之后，便可以一次性调整好航向，途中可以不用再调整航向便可到达目的地。

16世纪末，墨卡托的朋友奥利特乌斯的《世界概观》地图集也发挥了重大的影响力。《世界概观》重复刊印了40多个版本，其译本遍及欧洲各主要语言。

墨卡托投影地图和奥利特乌斯地图都继承了“以北为上”的做法，一并影响了后来的近代科学陆图绘制的习惯。

比如18世纪法国首幅用三角测量法、天文观测绘制的全国地图，就延续“北上”习惯。这是世界上第一幅在全国范围内使用三角测量法完成的国家地图，也被视为近代陆地科学制图学的开端。

实际上，只要有能稳定方向的工具，无论哪个方向为上，都可以操作，以北极星、指南针定轴线只是方便了北上倾向，并非必要条件，但当时的地图绘制典型、投影学说都沿用了上北下南，此后，这一特点在欧洲确立。

后来，这种绘图法随着欧洲势力的扩张，紧随欧洲商人、传教士、统治者的脚步，统一了全世界的地图。

如日本受到葡萄牙商人的影响，17 世纪初就采用波特兰海图；印度则在英国殖民者的带领下绘制近代地图。

而在传统力量强大的中国，欧洲绘图法又是怎么取代本土绘图法的呢？

传教士的作用不可小觑。1584 年，传教士利玛窦在广东肇庆绘制了第一幅中文世界地图《舆地山海全图》。

1708 年，康熙下令编绘的国家地图《皇舆全览图》，也是在传教士杜德美、白晋等的主持下，用三角测量和天文观测的方法制成的。不过，清朝的其他地图并未就此采用近代科学绘法，省志或者府县志仍然采用传统象形符号绘制。

直到民国时期，北洋政府制订“十年速测计划”，之后的南京政府制订“全国陆地测量十年计划”，中国的各种通用地图最终统一为“北上”朝向。

并不是所有人都喜欢现代地图惯例。南半球人民的痛恨当然能够理解，谁会觉得放在下方舒服呢？

于是，一些不喜欢被忽视的澳洲人索性把地图翻转了过来。

为什么火箭发射时要倒计时

每次在电视里看到火箭发射，都十分激动人心，尤其是发射之前的倒计时，更是牵动着每一个人的心。那么，火箭发射的时候为什么要倒计时呢？实际上，火箭发射时使用倒计时并非科学家的发明，而是源自科幻电影的创举。

1929年，德国电影大师弗里茨·朗在其执导的科幻影片《月里嫦娥》中，向观众首次呈现了一枚登月火箭发射升空的全过程。

由于电影中火箭发射前运送至发射平台的过程过于冗长，为吸引观众的注意力，营造“时间紧迫”的戏剧性气氛，电影特别安排了主人公在为火箭点火之前，读秒倒数的情节：随着屏幕上的数字越来越小，其字体越来越大，直至巨大的“JETZT”（现在）出现，火箭腾空而起，升入云霄。

倒计时这一设置，此后逐渐成为各类电影中制造紧张氛围的有力工具，甚至可与定时炸弹这一电影传统道具相媲美。但当真实的火箭发射也使用倒计时，并不是单纯向电影致敬，而是具有其实用意义。

火箭发射时使用倒计时，真正的作用在于确认火箭发射的时间零点。如果把从火箭固定上发射架到任务完成的整个任务过程，以时间轴为数轴的话，那么发射的时刻就可以作为数轴的零点，或被命名为 T0。T0 时刻对于轨道计算十分重要，当火箭发射时，T0 时刻就会自动传输到所有的测控站。

而在火箭发射前的任务规划中，在发射窗口（任务最佳发射时间）内确认 T0，并确定发射前（用 T-xx 时间表示）、发射后（用 T+xx 时间表示）的程序设置，是整个规划的重中之重。

在规划完成后，负责火箭发射的所有部门就从 T0 倒推各项工序和部件的完结时间，并按各部门各自的归结时间继续前推。随后，火箭发射的各个部门在完成其任务时从数月、数周、数天开始不断归结，到发射前的数小时、一小时、半小时、一刻钟、五分钟、一分钟……直至指令员宣读 T0 之前的最后十个数，将全体工作人员的任务归结以最极端、最为具象的方式表现出来，这才是火箭发射倒计时的最完整体现。

各国在火箭发射倒计时的具体设置上也是有差别的。比如，中国的火箭倒计时是点火倒计时，以火箭点火时刻作为 T0；而美国的火箭倒计时都是采用起飞倒计时，以火箭起飞时刻作为 T0。

造成这种差别的原因是，中国并未采用在美国普遍使用的牵制释放装置，火箭起飞的成功与否全凭发动机的推力；而各个发动机的动作也不完全同步，因为作为结果的火箭起飞时间无法人为控制，所以只能采用倒计时点火，然后测量起飞时间。

与之相对的，采用牵制释放装置的美国火箭起飞前被“锁”在发射台上，在起飞前的几秒点火，牵制释放装置会在火箭达到额定推力时解锁放飞火箭，火箭起飞的时间即为T0。牵制释放装置允许各个发动机在火箭静止状态下工作一小段时间，可以消除不同发动机间推力不同步的影响，从而更精确地控制时间。

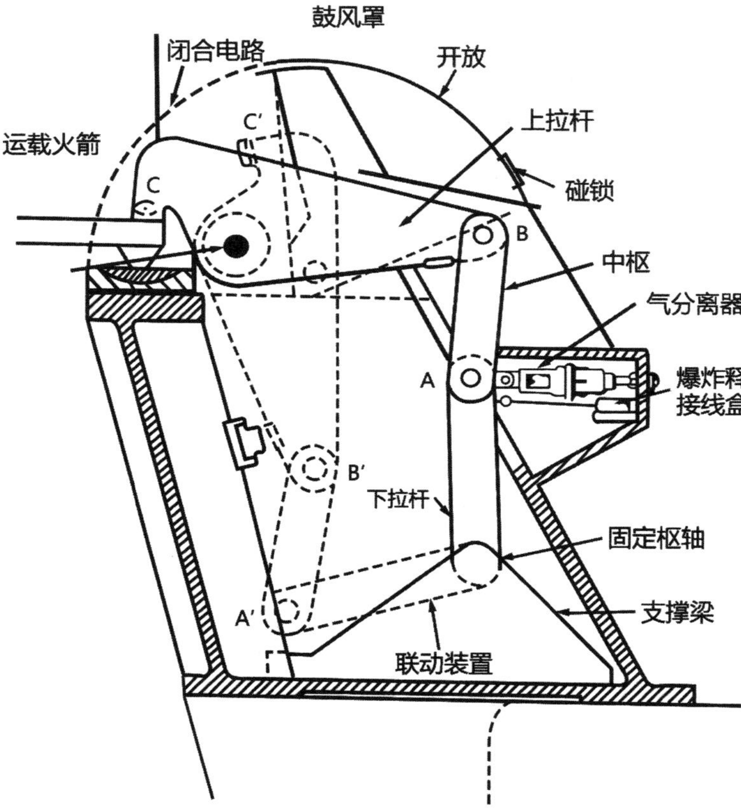

牵引释放装置示意图

值得一提的是，在发射窗口设立时间零点，并以此规划整个发射进程的制度设计，也是由科幻作品首先创造的。在凡尔纳最具预见性的科幻小说《从地球到月球》中，美国大炮俱乐部向麻省剑桥天文台咨询向月球发射炮弹并命中的可能性时，得到的答复如下：

一、大炮应设在南纬或者北纬零度至二十八度之间的地方。

二、炮口应瞄准天顶点。

三、炮弹应具有每秒一万二千码的初速。

四、应于第二年的十二月一日下午十点四十六分四十秒发射炮弹。

五、它将在射出后四天，即十二月四日半夜正，月球穿过天顶点时到达。

以第二年的“十二月一日下午十点四十六分四十秒”为 T0，大炮俱乐部在全球募集资金，在美国佛罗里达州南部选定发射地点，铸造了前所未有的“哥伦比亚”大炮，并在开炮前一切准备就绪；唯一不同的是令员并未使用倒计时，而是按自然时间进行顺数计时：

“三十五！三十六！三十七！三十八！三十九！四十！开炮！！！”

莫奇生突然用手指揿着电闸，接通电流，把电火送到哥伦比亚炮炮底。

立时传来一阵从未听过的、不可思议的、可怕的爆炸声，不论是雷声，火山爆发，还是其他的声音都不能给这个声音一个概念。像火山喷发一样，一道火光把大地的内脏喷上天空，大地仿佛突然站起来了，在这一刹那间，只有有限的几个人仿佛看见了炮弹从浓烟烈火之中胜利地劈开天空。

有意思的是，影片《月里嫦娥》的科学顾问，与俄国人齐奥尔科夫斯基、美国人戈达德并称为火箭设计先驱的，出生于罗马尼亚的德国人赫尔曼·奥伯特，少年时代的科学启蒙书籍恰恰就是凡尔纳的《从地球到月球》。奥伯特为《月里嫦娥》设计的火箭模型，其外形与内部构造均对凡尔纳小说中的锥形圆柱体“炮弹车厢”有所借鉴。

奥伯特为电影设计的火箭不仅造型前卫，理念也与后来的真实火箭颇为接近：它使用液体燃料，并且是分级点火。不过这倒不算奥伯特的创举，他的同乡康拉德·哈斯在他出生 400 年前就已经用火药爆竹实现了这一设定。正因为如此，齐奥塞斯库时代的罗马尼亚政府将哈斯钦定为“现代火箭的先驱”。

大象这么大，排便会不会很辛苦

有这么一个笑话：小白兔和长颈鹿一起去河边喝水，小白兔看着长颈鹿，羡慕地说："喝水的时候，那清凉甘甜的水流过你的长脖子，感觉一定很舒服。"长颈鹿看了小白兔一眼，慢悠悠地说："你吐过吗？"

看完这个笑话，有些为动物操碎了心的人又想到了这样一个问题：像大象这样的动物，体积这么大，排便的时候会不会很辛苦呢？其实，拉得多的问题，靠拉得快来解决。

为了满足能量的消耗，体形越大的动物往往进食量也越大。一只成年大象每天可以吃掉 30 ~ 60kg 的食物，其中有 60% 左右会成为粪便被排出体外。大象每天产生的粪便约有 20 升，是狗的上千倍。作为地球上最大的草食动物，大象每天要花费十几个小时进食，除了吃和睡，留给大象拉屎的时间并不多。

为了研究哺乳动物的排便机制，一个由流体动力学家和结直肠外科医生组成的团队从流体力学的角度研究了动物的排便。

美国乔治亚理工学院的机械工程和生物学副教授戴维胡、机械工程博士帕特里夏扬、结直肠外科医生丹尼尔楚以及两位本科生坎迪斯·卡明斯基和摩根·拉玛克，为亚特兰大动物园的 34 种哺乳动物建立了排便数学模型。

研究表明，这些小至老鼠、大至大象的哺乳动物，排便时间相差无几：12 秒（±7 秒），约三分之二的动物排便时间为 5 ~ 19 秒。与悬殊的体形和粪便体积相比，排便时间的差异小得令人不可思议。

即使考虑到更大的动物拥有更大的直肠，在相差更悬殊的粪便量面前，直肠直径仍不足以解释近似的时间内大型动物为何能排出如此可观的粪便量。

要赶上“小动物”的排便时间，大型动物还得拉得更快。笨重的大象在排便时非常敏捷：人类的排便速度大约是 2cm/s，而大象的排便速度则达到了 6cm/s。因此，我们完全不用担心大象排便会辛苦。

为什么大型动物的排便速度能够遥遥领先

在上一篇文章里，我们谈了大象的排便问题。因为排便速度快，所以我们不用担心它们会排便困难。但是你有没有想过，为什么像大象这样的大型动物可以迅速排便呢?

粪便在排出前需要先后通过结肠和直肠，直肠的直径决定了粪便的直径。对于不同体形的动物来说，结肠和直肠直径不会像粪便体积一样动辄相差上千倍。动物的体形越大、粪便越多，待排出的粪便往往也越长，甚至在直肠之外还能塞满一半的结肠。

能快速地排出如此长的粪便，归功于大肠壁上的一层很薄的黏液。这层黏液大约只有人类头发丝的厚度，研究者只能通过称量黏液蒸发前后粪便的重量来测量。这层黏液非常滑，比粪便的黏度小了上百倍，让粪便能在肠道内快速地通过。

随着动物体形的增大，黏液层也更厚。有了黏液的辅助，大型动物能在同样的压力下高速地排便。这层黏液对人类来说同样意义重大，如果分泌出现异常，容易导致慢性便秘和肠道细菌感染。

肠道内的黏液避免了大象便秘而死，但对人类而言却效果堪忧：面对拿着手机动辄在马桶上坐半个小时的人类，大象的排便速度相当于 IE 面前的 Chrome。反过来说，人类通过自由意志掌控了自己的排便时间，也避免了随走随拉的尴尬。

为什么近几年发现的大钻石那么多

钻石恒久远，一颗永流传。一颗小小的钻石，价格却非常昂贵，让很多男性读者恨得咬牙切齿。但是留心观察一下你就会发现，近几年发现了很多大钻石，那些太小的钻石都拿不出手了，更是让男性朋友捶胸顿足。那你有没有想过，这是什么原因引起的呢？

英文维基百科给出了自 13 世纪以来，部分 200 克拉以上的钻石原石列表，共 64 枚，其中 19 枚产于 2015 年之后。

实际情况可能远超这个比例。加拿大钻石开采公司卢卡拉作为大钻石市场巨头，2015 年总共开采出 47 枚 100 克拉以上的钻石，其中超过 200 克拉的就有 19 枚，300 克拉以上 7 枚，均比之前的年份大幅增加；而卢卡拉的主要竞争对手，杰姆钻石公司 2015 年开采出的 100 克拉以上的钻石则有 12 枚，也远高于之前的所有年份。

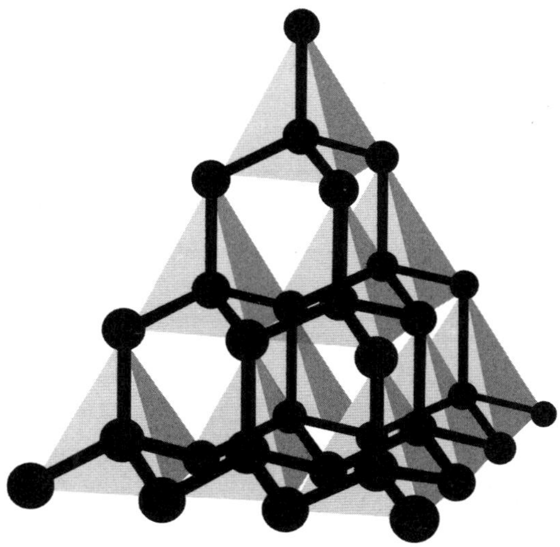

大钻石产量的骤然提升也意味着大新闻。比如 2015 年 11 月 18 日，卢卡拉公司宣布在博茨瓦纳的卡罗韦矿场开采出一枚 1109 克拉的钻石原石——“我们的光”，大小与网球相当，重量仅次于 1905 年发现的南非“库里南钻石”（3106 克拉），排世界第二。

这还不是唯一的惊喜。在短短 72 小时之内，同一座矿场又发现了两枚大钻石，其中命名为“星座”的一枚 812 克拉。它与“我们的光”一起，成了用工业手段开采钻石以来，发现的两枚最大的钻石。

与之相伴的则是阴谋论：钻石的量其实没有这么稀缺，它的供应链是被人为控制的；钻石的高需求纯属营销骗局……这类说法在中文世界也已高度流行，相信不少读者都看到过。

阴谋论是无法解析的，但大钻石产量骤增这个现象本身却完全能够解释：因为开采的技术进步了。

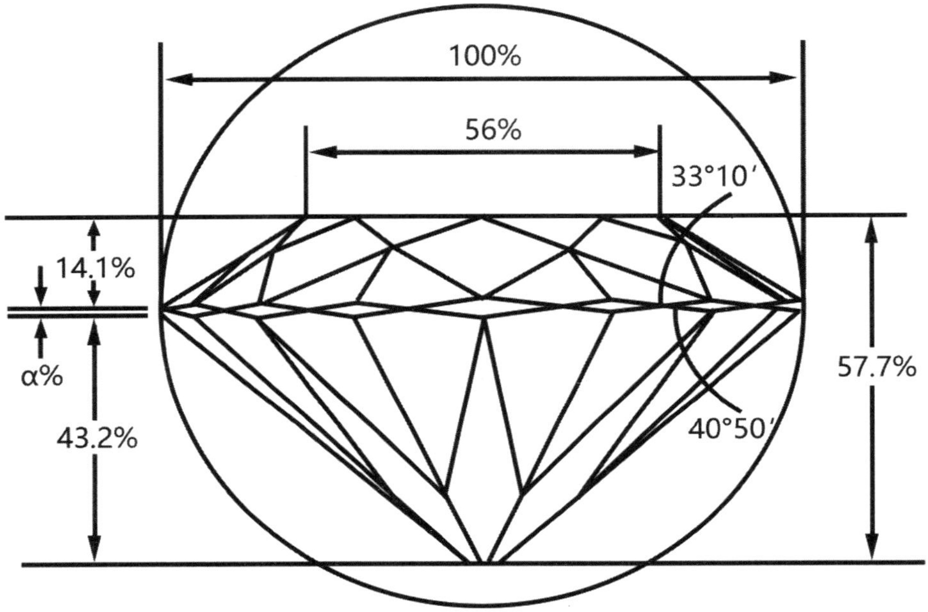

自人类以工业手段开采钻石以来，长期使用的标准生产流程是：在分拣钻石矿的金伯利岩块前，首先要用粉碎机把矿石打成不超过 30 毫米的小块，之后用密度法从中筛选钻石原石。钻石以坚硬著称，但体积很大的钻石却很容易被冲击力打碎，于是，工业技术在降低钻石筛选成本的同时，把发现大钻石的可能性几乎降低到了零。

过去的世界级巨钻几乎全部是在批量分拣之外，纯粹靠运气发现的，因而也极为罕见。例如，110 多年前的“库里南钻石”，是矿工从地下仅 9 米处用小刀从石头里剜出来的；1893 年重达 995 克拉的“卓越”，是矿工在一铲子砾石里无意中看到的。

引入工业手段后，这类“纯粹运气”的出现反而变少了，人们需要用肉眼与机器赛跑。一旦矿石被送进粉碎机，就断送了从中发现大钻石的一切可能：1972 年，969 克拉的“塞拉利昂之星”便险些在分拣矿石时被粉碎机打碎，最后是一个眼尖的矿工从传送带上救下了它。

2014 年，过去的生产程序被新技术改变：粉碎改为研磨，有的用旋转、震荡使矿石之间互相撞击，有的则采用大功率的旋转铣刀搅拌，这样产生的岩块相对要大一些，以尽量减少对大钻石的破坏（目前还无法避免）；而从矿石中预先识别钻石，尤其是荧光特性很弱、过去的容易遗漏的大钻石的技术也有了突破，并被巨头们引入了流水线。

因此，虽然大钻石的储量并没有明显改变，人类发现它们的概率却在近几年扎扎实实地提升了。由于钻石的市场需求以收藏而非商业量产为主，所以各种类型的大钻石，每克拉的价格整体上远高于戴比尔斯之类厂商出产的小钻石，对于生产商而言，提高它们的产量极为有利。

那为什么人类用工业手段开采钻石上百年，直到最近才引入这样的新技术呢？最为合理的解释是竞争的作用。

事实上，钻石阴谋论者有一点是说对了的，全球钻石的供应确实长时间为戴比尔斯一家公司所垄断，正是这家公司提出了“钻石恒久远”的口号，也正是因为他们的垄断，让钻石在很长一段时间里是一种非常可靠的投资品，最起码价格稳定。

但这样的局面早已成为历史，20 世纪 90 年代以来，由于俄国、澳大利亚、加拿大等国的政策的改变，戴比尔斯在世界钻石市场的份额快速下跌，从 90% 降到了 2013 年的 33%。市场从垄断转向竞争，让控制供应的策略被包括戴比尔斯在内的企业抛弃（其间戴比尔斯抛空库存还一度造成钻石价格小幅下跌的后果），它们都需要新的办法来维持利润，上述发现大钻石的新技术引入就是办法之一。

最后，需要告诉男性读者一个坏消息：竞争化的钻石市场，价格波动虽然剧烈了许多，但总体上，它涨得更快了。

鞋带为何总会自己松开

2016 年 12 月，耐克发布了一款新鞋，这款鞋子有什么特点呢？就是可以自动系鞋带，对于很多懒人来说，这简直就是福音。但是话又说回来，鞋带为什么总会自己松开呢？

分析系紧的鞋带如何会自己松开，当然就要分析它的受力情况。不难想到，人在走路或者跑步时，鞋带系结的部分除重力外，还交替受两种外力影响：结心两边的绳环和绳头，在空中被甩来甩去时脚施加的力（相当于绳受的惯性力）；落地时，固定在鞋面上的结心本身受到地面的冲击。

对于这些惯性力和冲击力具体怎样打开鞋结的问题，直到最近才有了较为细致的定量观察。加州大学伯克利分校的研究人员就此分别做了实验：

两名博士生志愿者坐在桌子或椅子上，用脚模拟走路的样子前后甩动而不落地，观察惯性力的单独作用；

类似地，志愿者不摆腿，仅模拟走路时脚后跟落地的情形，观察冲击力的单独作用；

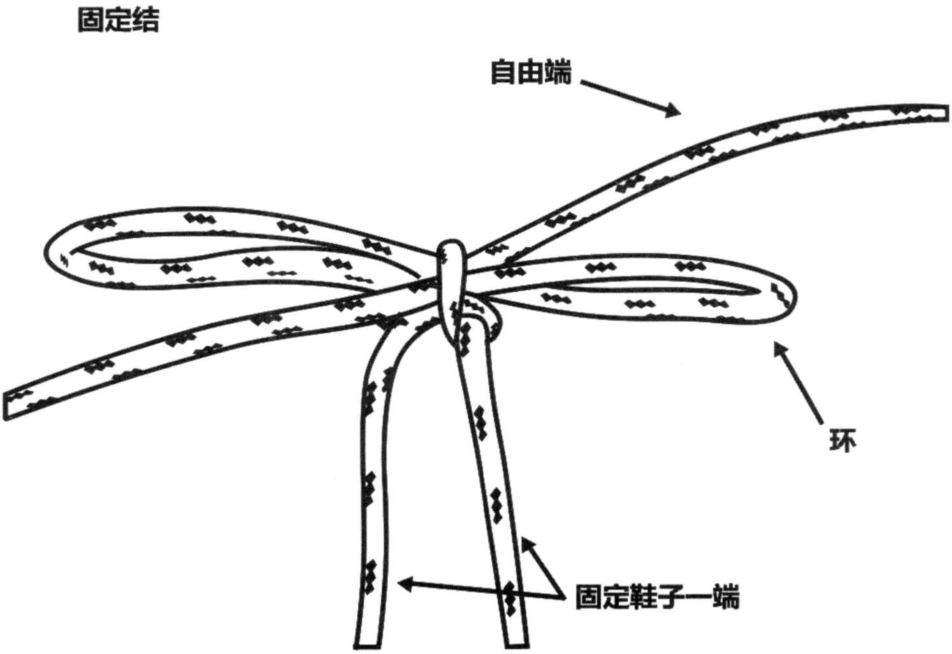

为便于叙述，鞋结的各组成部分以图中这类常见情形为准

在前后两年的时间里做的这些测试总计 100 多个小时，结果发现在上述单独一种外力作用下，鞋带通常可以保持几十分钟不松。也就是说，日常生活中我们没走一会儿就要重系一次鞋带的麻烦，惯性力和冲击力都有贡献。

接下来，研究者亲自上阵，在鞋结的中心下方固定一个无线加速度传感器，边走边实时测量脚在落地时这个位置受到的冲击力。

对不同种类的鞋做类似测量后发现，地面的冲击作用不容小觑，可以使结心在落地的瞬间产生6个至8个重力加速度，相当于把它重重地摔在地上。

这样的测量结果，辅以高速摄影来分解脚的运动，就可以比较完整地描述鞋带自己松开的全过程：

每次脚后跟落地时，都对鞋带的结心产生强烈冲击，使其变形；抬脚迈步的过程中绳环和绳头的惯性力以2倍至3倍的重力加速度进一步拉伸结心，两个结果叠加起来，系鞋带时的两个单结便逐渐分离，不再束紧，进而导致鞋带之间摩擦力减小，越松越快。

实际上，分解跑步动作的影像资料显示，从结心处的鞋带出现滑动迹象开始到鞋结基本松开，只需两到三步的时间。

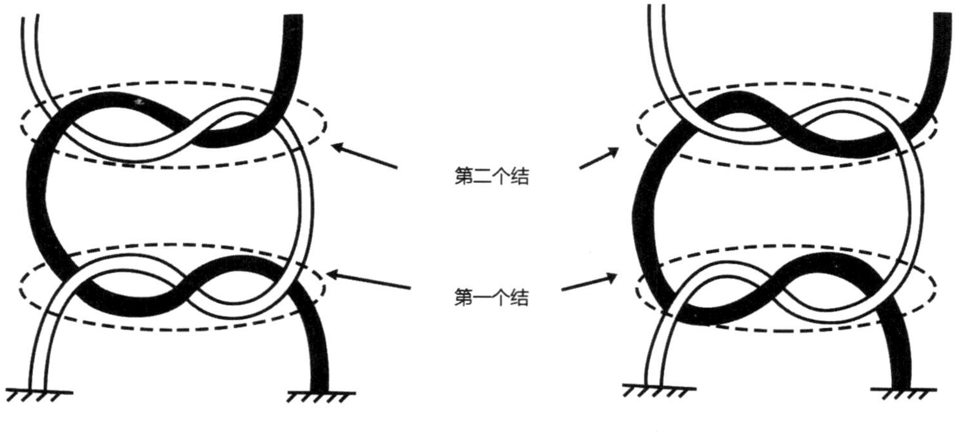

图（ a ）为顺结基本结构；图（b）为方结基本结构

值得注意的是，由于绳头只有一端束紧，一般来说甩动的幅度越大，相应的加速度也越大，导致鞋带自动松开时，几乎全部是从绳头一端抽出绳环，而不是反过来。这也和多数人解鞋带的做法一致。

另外，常见的鞋结实际上有两种：一种是方结（或平结），由交叉方向相反的上下两个单结组成，是外科手术学和裁缝手艺中被普遍认为可靠的打结手法；一种是顺结（或假结），由交叉方向相同的两个单结组成，乍看起来非常像方结，实际上远不如后者系得牢。实验研究也证实了这一点。形成差别的具体原因目前还不清楚。

在鞋样相近的人当中，如果你重新系鞋带的频率格外高，那么有可能就是因为你习惯系顺结。

当然，长期习惯形成的肌肉记忆短时间内很难彻底纠正。伯克利的这项研究有三位参与者，只有一位在研究过程中成功改变了自己的系鞋带方法，剩下两位据说现在还日复一日地打着顺结。

眼睛是怎么进化出来的

从感情上不愿意相信随机突变能产生复杂的结构，是攻讦进化论最常见的原因。比如许多人看到眼睛的解剖结构都会不由自主地问：什么样的突变能从零开始，把顽肉改造成这样精密的光学系统？

这种困惑首先来自一种误解，即认为感受光的刺激是一种“特异功能”，感光细胞和普通细胞有巨大的差异。其实不然，任何生物需要感受光的刺激，只需富集色素即可，不同的色素会吸收不同频率的光，将其转变为化学能。

比如人眼的视杆细胞就用视紫红质感光，甚至可以在黑暗处捕捉到单个光子；而视锥细胞用三种不同的色素构建了三原色的彩色视觉。

另一个最常提到的例子是眼虫。这类单细胞生物属于古虫界，既不是动物也不是植物，既能光合作用也能主动摄食，它们的鞭毛基部附有一小团类胡萝卜素——自然界最常见的色素——受鞭毛遮挡，这团色素会因为不同的朝向吸收不同剂量的光能，反馈为鞭毛的摆动方向，最终帮助眼虫游向光亮的地方，促进光合作用。这个功能类似于眼睛，所以那团类胡萝卜素就被称为“眼点”。

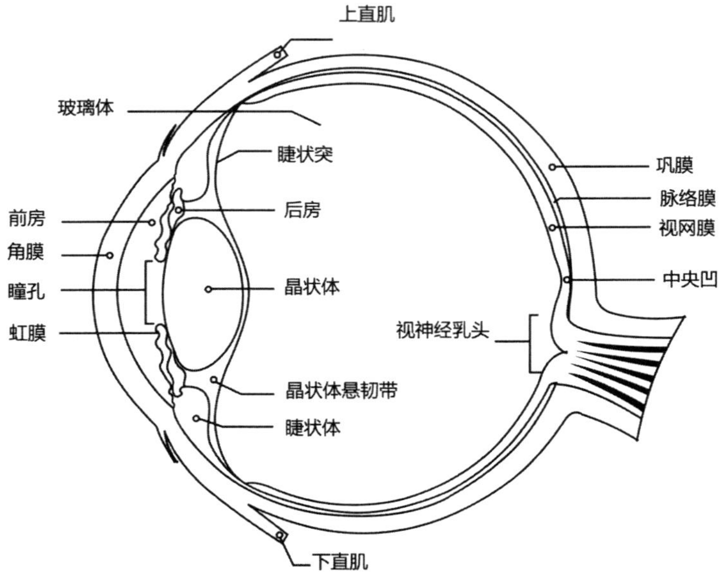

其次的一个误解，是认为“人进化出了眼睛”，然后质疑人眼周围是毫不透明的肌肉和骨骼，不可能突变出光通路需要的透明组织，但眼睛的进化历史要远远长于人类这个物种的进化历史，甚至长于脊椎动物的进化历史，在遗传学和发育学的研究中，我们找到了一些关键的基因，比如 PAX6 基因。

这个基因源自所有两侧对称动物的共同祖先，在神经系统和眼睛的发育中发挥着关键作用；PAX6 基因还可以在昆虫身上发挥一样的功能，这意味着动物界 30 多个门的眼睛在进化的极早期有相同的来源：一个覆盖色素的凹陷，并没有成像功能。

但这是一个好的开始，凹陷不但能保护脆弱的色素，更能大致区分光线的来源，这对趋利避害很有帮助。在此基础上，动物界用 5 亿多年的时间，平行发展了 40 到 60 个谱系，进化出了许许多多更加精致复杂的眼睛，尤其是脊索动物门的脊椎亚门、软体动物门的章鱼目和节肢动物门的昆虫纲，代表了视觉进化的三个顶峰，当然，也共有着高度相同的 PAX6 基因。

问题集中于脊索动物门，眼睛的早期形态在文昌鱼身上体现得最多，也研究得最充分。文昌鱼虽然被称为“鱼”，但它属于头索亚门，远比鱼所在的脊椎亚门更接近脊索动物门的祖先，是难得的活化石物种。

文昌鱼身体含水量很高，非常透明，有一条卷入体内的神经索贯穿头尾，这条神经索两侧分布着许多感光细胞，其中含有视黑蛋白，对蓝光敏感。而脊椎动物的中枢神经系统，包括大脑和脊索，胚胎发育也都源自这条卷入体内的神经索，只是发达得多。视黑蛋白在我们身上与生物钟的昼夜节律有关。

特别是，在文昌鱼的神经索前端背面，受 PAX6 基因控制，还有一个较大的带色素的杯状凹陷，里面分布了两列感光细胞，我们称为“额眼”。这个结构与人类的双眼在进化上同源，其中的感光细胞与人类的视锥细胞和视杆细胞同源，带色素的凹陷与我们的视网膜上皮同源。

也就是说，脊索动物的眼睛在进化早期随着神经索的发育卷入了体内，不再暴露于体表，但当时的组织高度透明，原始的眼睛在体内仍可以感受光的刺激。此外还要特别注意，这个内卷还反转了眼睛，使得左边的感光器官要穿透组织看右侧，右边的感光器官要穿透组织看左侧。脊椎动物的早期胚胎中也是一样，即将发育为眼睛的凹陷来自内卷的神经管，左边朝右，右边朝左。

通过对脊椎动物胚胎发育的进一步研究，比如对斑马鱼胚胎发育的研究，我们发现，随着组织越来越不透明，脊椎动物再也不能左眼看右，右眼看左，这对将要发育成眼睛的凹陷还要再次翻转，而且随着翻转程度的加深，一部分体壁上的细胞会填入凹陷，发育为角膜、玻璃体、晶状体等屈光结构。

到此为止，脊椎动物的眼睛进化就大局已定。更复杂的眼睛，比如人眼和鹰眼，都只是在这个结构上有一些细节修饰，但都无法掩盖一个巨大的问题：

我们的眼睛本来用于穿透组织观察身体另一侧的光线，第二次翻转也只是将错就错，所以现代脊椎动物的视网膜仍然尴尬地“长反”了，从外界进入眼睛的光线，先要穿过密密麻麻的血管、神经细胞、感光细胞的细胞核，最后才抵达观光细胞的色素部分。

这给我们带来了很多麻烦，除了降低分辨率，神经细胞穿出眼球的地方（即第一张图中的视神经乳头）无法覆盖感光细胞，会形成一个盲点；感光细胞也很容易与视网膜上皮分离，头部创伤常造成视网膜脱落，这都再一次印证了进化的普遍规律：新结构都来自旧结构，不能凭空出现。

作为比较，软体动物门的眼睛进化就幸运得多，它们没有神经板内卷的发育历程，视觉凹陷一直暴露于体表，其进化历程就更加方便直接：随着凹陷程度加深，顺利地发展为小孔成像，进而发展出晶状体，乃至虹膜和角膜等结构。这一系列过程都保留在软体动物不同的类群中。

软体动物门丰富多样的眼睛体现了不同程度的进化压力对视觉系统的塑造，生活环境越是复杂，运动活跃的类群，其眼睛结构也越复杂。这个从比较解剖学建立起来的进化路径是反击神创论的经典案例，遗憾的是在媒体宣传中出了偏差，常常被误解为人眼的进化历程。

而节肢动物则糟糕得多，它们没有采取加深凹陷提高聚焦能力的进化策略，而是简单粗暴地增加眼睛数量，用眼睛阵列提高视力，结果形成了非常独特的复眼。

这种眼睛缺乏调焦能力，几乎不能分辨细节。但好在对动作非常敏感，昆虫的复眼可以分辨每秒 240 帧的动画，是人眼的 10 倍；而且常常有丰富的色觉，比如多数昆虫都能看到紫外线，蝴蝶有五原色视觉，螳螂虾有 12 原色视觉。

动物界的眼睛极其丰富，除了上述三种经典类型外还有许多其他模式，比如扇贝的眼睛不采用凸透镜折射，而使用凹面镜反射，但由于篇幅的关系，这里不加赘述。

舌头真的用不同部位负责不同味觉吗

舌头真的用不同部位负责不同味觉吗

长久以来，很多资料都声称舌头的不同部位负责了不同的味觉，具体分布如下面的“味觉地图”所示，那么这是真的吗？

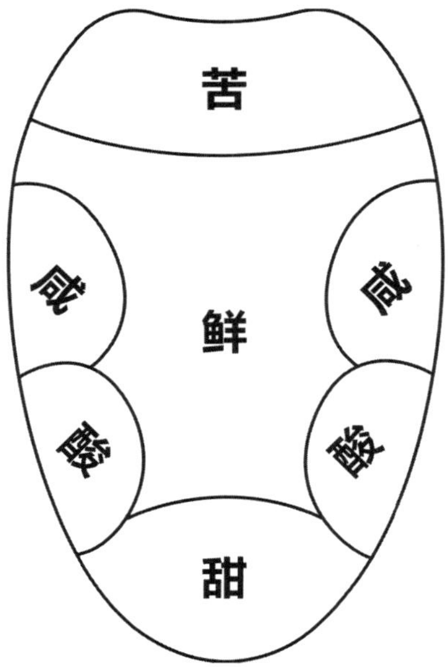

某些资料里声称的味觉地图

实际上，这只是数据误读引发的谣言，并且被不负责任的媒体传播渲染，以致成为世纪谎言。它的来源可以追溯到上个世纪初，1901 年，德国生理学家大卫·哈尼格发表了论文《味觉的心理物理学基础》，其中介绍了他用不同味道刺激测试者舌头的不同位置后得到的味觉敏感程度分布图，如下所示：

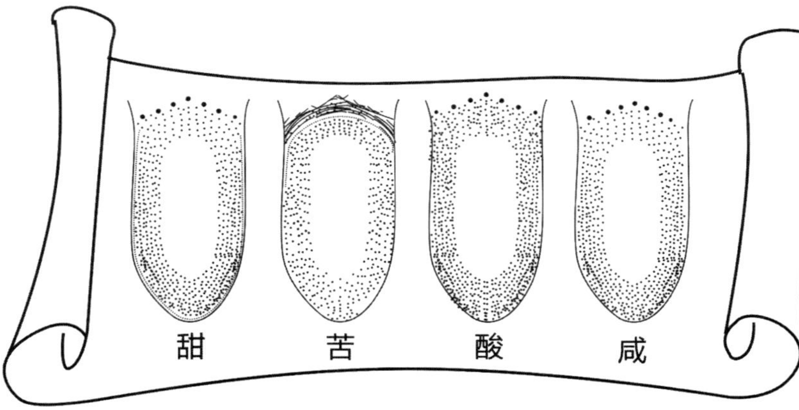

大卫·哈尼格画出的味觉敏感图

从他的研究结果看，不同味觉在舌头上的分布没有质的差别，任何区域都能同时感受 4 种味道，舌尖对甜味略敏感，舌根对苦味略敏感，舌侧对酸味略敏感，舌侧后对咸味略敏感。但他并没有提出任何味觉分区的概念，而且即便这种敏感程度的差异也是非常微弱和模糊的结论，毕竟这只是 100 多年之前非常粗糙的实验。

1942 年，美国著名的实验心理学家，时任哈佛大学教授的埃德温·波林（1886—1968）翻译并引用了这篇德语论文，但他在解读原文数据时犯了巨大的错误，将相对数值当成了绝对数值，那么舌头局部对某种味道“不特别敏感”，就被他当作了“没有感觉”，这就是“味觉地图”的最初来源。

糟糕的是，囿于细胞学和分子生物学的局限，嗅觉的微观机制在20世纪中期并不明了，学术界对味觉的研究也并不积极，缺乏重复实验，这个谬误因此不能被及时纠正；但作为一种茶余饭后可以拿来向亲朋好友炫耀的“冷知识”，各种大同小异的“味觉地图”却借着媒体和公众迅速流传开来。

所以正如今日社交网络展现出来的那样，一方面是谣言的传播没有成本，另一方面是科学的探索进展缓慢。直到1974年，另一个生理学家弗吉尼亚·柯林斯才重新检查了这个数据，并召集志愿者重复了这个实验——蒙着眼睛，在舌头的不同部位上点滴不同味道的液体，再次验证了舌头的每个部位都能尝出所有味道，只是不同部位对不同味道的阈值略有不同，但这种阈值差异极小，不但在生活中无法体会，在不同的测试者身上也有明显的个体差异。

连同这项实验在内，越来越丰富的研究都表明根本不存在“味觉地图”这种东西，但传谣容易辟谣难，谎言总是更有趣，更通俗，真知总是更平淡，更晦涩。直到今日，这一谬误仍被媒体大肆传播。

到此为止，我们的问题已经得到了完整的回答。

为什么会有疾病

在进化的强大驱动下，生命现象已经给我们展示了无穷无尽的适应奇迹。从地下 5000 米的深层油井，到大气层的对流层顶端，从火山口的剧毒沸水，到南极冰盖下的高压冰湖，除了活火山口，都有生物怡然滋生。在我们看来，生命几乎完成了理化基础能够允许的每一个挑战，但只有一个例外：疾病。

我们将生命因为某种原因离开稳定状态，并因此失去正常机能的现象称为疾病，然后懊恼地发现世界上从来没有逃离了疾病的生命。尽管生命进化出了数不清的应对措施，包括越来越复杂的免疫系统和稳态调节，却永远是道高一尺魔高一丈，仅以传染病来说，地球上凡是由细胞构成的生物都能被某种病毒感染，无一例外。

为什么在其他方面如此了得的进化，却不能找到一套万全之策，抵挡住疾病的进攻?

这个问题如果在生物学内部回答，就将是一个利维坦般的宏大难题，每一个物种乃至每一个个体，都有自己的特殊情况，正是这些特殊情况击溃了生物体内原本稳健的运作流程，然而如果跳出生物学，在更加一般的情境下讨论这个问题，就会清晰很多：是否存在一套可以处理所有情况的确定流程？

这就变成了一个数学问题，而且是一个相当经典的数学问题，因此，大卫·希尔伯特在20世纪20年代提出了“希尔伯特计划”。

这个野心勃勃的计划非常恢宏，简单地说，希尔伯特试图将所有的数学命题，无论代数、几何、微积分、拓扑、群论等，统统都用同一套符号系统表示出来，再给这个符号系统制定详尽完备的推演规则，那么所有的数学证明就全都变成了符号的推演，用今天的观点来看，就是要用计算机解决所有数学问题。

具体理解这项计划非常困难，但这里可以举个简单的例子：比如“1是自然数”，就可以形式化地写作“e ∈ S”；而“1是最小的自然数”就要写作“（a ∈ S）（f（a）≠ e）”。

这个计划看上去与生命活动毫无瓜葛，实则恰恰相反，地球上的每一个细胞在所有生命活动里的实际行为，都等价于一台计算机在处理数据：

DNA等价于存储器，其中预存了所有的程序；

从DNA到RNA的转录过程等价于中央处理器的提取，在程序中找到指令；

从RNA到蛋白质的翻译过程等价于中央处理器的解码，让指令呈现出意义；

翻译产生了种类繁多的蛋白质，它们形成复杂的空间构型，用化学键等相互作用操控各种分子，这等价于中央处理器执行指令，处理各种数据；

最后，蛋白质的工作会通过各种反馈机制影响整个过程，这就相当于中央处理器的写回，根据既有操作执行下一次运算。

特别重要的是，这种等价并非某种“比喻”，而是严格意义上的等同。首先，任何化学反应都是不同参数的化学键连接和断裂，这就把上述细胞活动还原成了参数运算；其次关键的，这种细胞生化机制和计算机中程序系统一样，都是蕴含了自然数的一阶逻辑系统，而任何这样的逻辑系统都互相等价。

一个细胞是这样，一个完整的宏观生命也是这样，虽然后者并非前者的简单累加，但实际需要完成的一切生命活动，包括对抗疾病的稳态调节、再生功能和免疫功能，都要追溯到同样的一阶逻辑系统中去。这样一来，我们就抵达了一处美妙的境地：如果希尔伯特计划成功，计算机就能解决所有的数学问题；地球上的细胞生物也同样能进化出一套万全之策，抵挡所有可能的疾病。

但希尔伯特计划很快就破产了。

1931 年，库尔特·哥德尔证明并发表了两条定理，其中一条被称为“哥德尔不完备定理”，这条定理在元数学和数学之间展开，其证明过程可谓精妙绝伦，这里仅将其论证粗浅地转述出来：

任何蕴含自然数的一阶逻辑系统，如果没有矛盾，就不能导出所有真命题；如果能导出所有真命题，就必然有矛盾。

对应到现实世界，那么无论计算机还是细胞生物，要么不能解决所有问题，要么根本不存在，这就像自然界可以找到无穷多个平面，但无论在哪个平面上，都不会有内角和为 290° 的三角形一样。“数学上行不通”，就是这个问题的根本答案了。

当然，正如开头已经提到的，生命现象极其复杂，在生物学内部对疾病的讨论永无止境，即便暂且忘却数学上的裁决，有些更加实际的问题也妨碍了“万全之策”的产生。

一种最常见的情况是“万全之策”并不像它听上去的那样有用，某种基因能否在种群中扩散取决于它对有效繁殖的价值，而非个体存活的价值，换句话说，通常的个体只要能活到繁殖年龄就可以了，之后病不病、死不死都无所谓。

仅此一条，就已经让万全之策在绝大多数物种中毫无意义，但的确还有一些生物不是这样的。某些物种的繁殖能力与寿命正相关，比如多年生植物年龄越大结实越多，许多r策略的硬骨鱼也是年龄越大产卵越多；同时还有一些物种的后代生存能力与亲代的寿命正相关，比如非洲象的首领掌握了水源的位置，逆戟鲸的母亲能传授捕猎的技巧，爷爷奶奶可以帮着带孙子。

万全之策对这些物种来说都很有价值，然而这些生物还面临着另外一个问题：一种性状在某些情况下是疾病，但在另外一些情况下就是优良的适应性。最耳熟能详的例子就是镰刀型红血球病，它的纯合子会让患者发生致命的贫血，但杂合子能抵御疟原虫感染，所以在疟疾肆虐的地区，镰刀型红血球病有着殊高的发病率。类似的还有糖尿病，近年提出的一些观点认为，在人类诞生的更新世，地球更加寒冷，而更高的血糖浓度有助于机体抗冻。

所以，我们又回到了那个老生常谈的原则：进化是随机突变和自然选择，并不能有预见性地开发任何宏大的项目，而只能一次又一次地发布系统的更新。

静脉血管为什么是蓝色的

在去医院打吊瓶的时候，护士会在我们的手腕上系上一根带子，找出静脉，把针扎进去。这时候我们会看到，静脉血管是蓝色的。我们都知道，静脉血管里明明流着红色的血液，为什么我们看到的静脉却是蓝色的呢?

物体的颜色首先取决于它反射了什么光。实验表明，在皮下深度不到0.2mm时，可以看作血管直接在白光下，因而也能够反映其真实颜色——红色。比如我们的毛细血管，通常都极细，所以只要你能看到的，都在相当浅的皮下（如耳朵外缘），颜色自然就是红的。

而蓝色或者青绿色的血管则在皮下较深处，光需要穿透人体皮下组织这样的半透明介质，其传播就要复杂得多。其中最重要的，是会发生瑞利散射，蓝光的短波长光，穿透能力差，传播过程中朝四面八方的散射比红光的长波光快得多。越往深处，蓝光被散射掉越多，到达血管的可见光就越偏红。

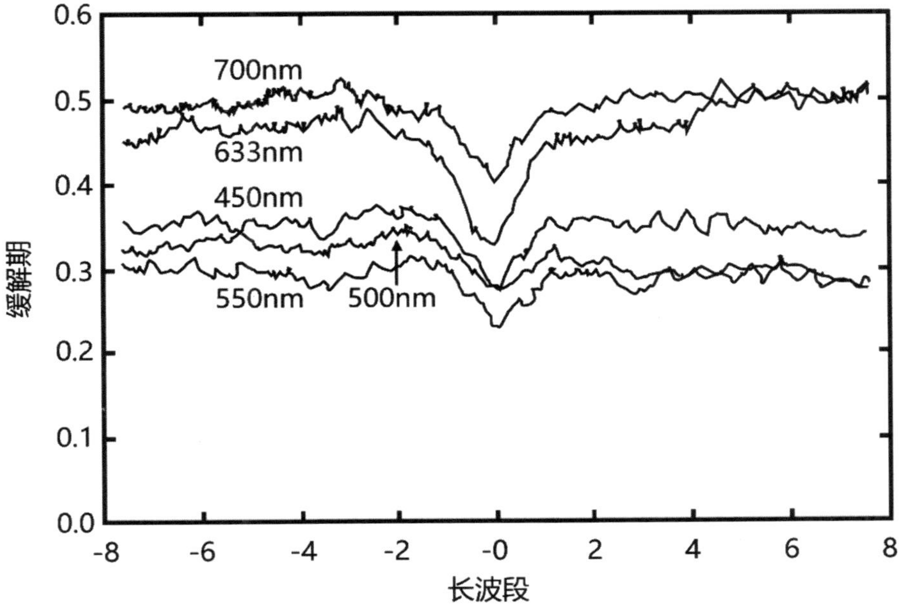

由模拟测量的反射率随深度变化曲线，可见总体上长波段的反射率变化更大，这就造成一个有趣的现象：从皮下深处血管反射回来的红光相对蓝光减少了。有研究人员通过人体超声波测量和体外模拟血管皮下环境两个实验证实了这点：假设皮下血管在某一深度，它反射进入人眼的长波（以红光为代表）与短波（以蓝光为代表）比例是 5 : 2，而往深处推进一点，这一比例却可能是 3 : 1.8，红光所占比例下降了。

控制深度变量，对于血管越粗或者含氧量越低的血管（一般来说对应静脉），这个现象也越明显。一个可能的解释是，超过一定深度，由于入射光中的短波穿透能力差，导致反射的短波光主要由靠近人眼这一侧的管壁反射而来，因而不会被血管吸收。而长波反射光则不同，它有相当一部分是由穿透血管而从另一侧管壁反射回来的光构成，被血液吸收、散射掉的就很明显了。

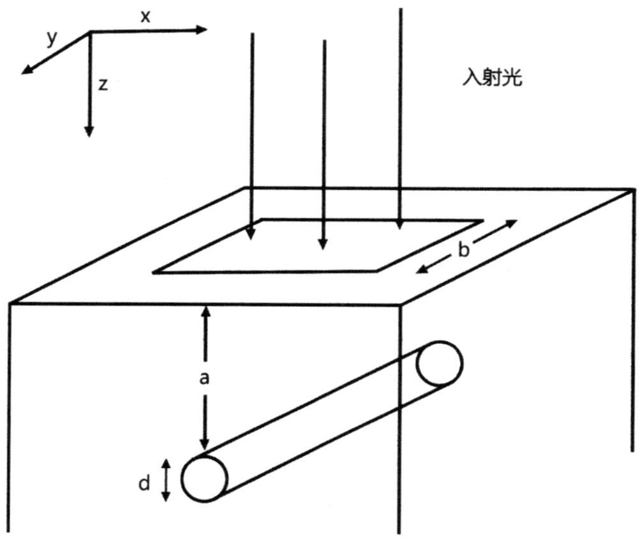

研究人员使用的模拟实验装置

可是，红光在反射光中比例虽有降低，也还是以它居多，在光学上不应该是人们所见的蓝色或者青绿色。要理解其中的缘由，还需考虑人类的色觉形成机制。

除了视网膜的三种视锥细胞，人类的色觉决定还涉及大脑视觉处理的各种神经机制。研究发现，预测人类血管颜色的算法中，必须考虑一种叫色恒常的机制，才能得出符合感知的“青绿色”和“蓝色”结果。

顾名思义，“色恒常”是解决这样一个问题的：为什么黄光照到白色物体，白光照到黄色物体，反射进入人眼的同为黄光，但正常人在这两个情境下，依然能轻易分辨出前者为白色，后者为黄色。

研究证实，大脑皮层中有专门的神经元负责完成这项工作。它们判断视野里存在的立体形状和反射平面，进而从整体上“猜测”相应物体是在什么照明条件下，比如阴影还是亮光，黄光还是白光。然后再从视野的每一个区域里去除掉这个照明条件，最终得出物体的真实颜色。所以，一个点的颜色不光是由自身的反射光决定，还要考虑它的相邻区域。

模拟试验编号	a (mm)	b (mm)	$\overline{R}^{450}$	$\overline{R}^{450}$	$\overline{R}^{633}$	颜色
0	≈ 0.5	≈ 0.5	−0.06	−0.10	−0.16	蓝色 **
1	0.50	0.50	−0.07	−0.12	−0.13	青绿色→蓝色
2	0.50	0.50	−0.07	−0.12	0.06	青绿色
3	0.35	0.80	−0.17	−0.23	0.33	青绿色→蓝色
4	0.20	0.50	−0.31	−0.38	0.26	青绿色→红色
5	0.04	0.50	−0.82	−0.88	0.34	青绿色→红色

考虑色恒常后，算法得出的结果：从最右一栏可以看出，由深到浅，不同直径的血管分别呈蓝色、青绿色、红色

色恒常是一个方便我们生存的有效系统，但它也有一个弱点：容易被极端的照明条件所欺骗，形成错觉。“蓝血”正是因为血管与其相邻区域在毫

米以下的尺度上“嵌”在一起，彼此反射光组成的不同会对大脑的色恒常处理构成强烈的干扰。事实上，研究人员采用蒙特卡洛算法来进行模拟实验，就是为了应对皮下这种复杂的几何关系。值得一提的是，如果把色恒常算法中血管周围组织、皮肤等的光学参数调至接近我们的黄皮肤，就能够得出血管会由蓝色逐渐向青绿色变化的结果，这也符合经验。

我们通过下面一张图来观察一下视错觉的神奇：

你认为图中两个灰色区域颜色深浅相同吗?

直观的视觉经验来看，左边的灰色区域要比右边的灰色区域颜色浅。但当你遮挡住图中其他线条，只保留灰色线条后，会惊奇地发现，两个灰色区域的颜色实际上是一样的。这便是亮度错觉给我们的视觉处理功能造成的混乱。

2015 年初，曾火爆于推特、微博的一张白平衡不佳的裙子照片，让不少认为它是白金色 的人产生了“存在的绝望”。同样是色恒常出错，只是它并非由颜色嵌合导致的，而是因为极端的照明条件。

具体说来，就是因为此时裙子的材质、整个环境的照明情况等，使得相机的白平衡判断正好处在是“明亮的黄光照射”，还是“整个处在阴影下”的模棱两可之处，而有些人的色恒常能力稍弱，就会认为是后者，从而导致颜色判断错误。

为何昆虫的成虫和幼虫完全不像

除了人类和其他脊椎动物外，公众似乎只了解一种发育方式，即昆虫的变态发育。比如毛毛虫变成蝴蝶、地老虎变成大甲虫、孑孓变成蚊子，等等。这种幼体和成体之间的巨大突变的确给人留下了深刻的印象，也给人带来了强烈的疑惑：在昆虫变态的时候，蛹里究竟发生了什么？

在昆虫发育学中，黑腹果蝇是研究最彻底也最具代表性的模式物种，对它们的研究让我们清晰地了解了完全变态的整个过程。

这个过程肇始于幼虫体内独特的解剖结构，如果在高倍显微镜下解剖它们的幼虫，就能在它们体内发现一些微小而透明的盘状结构，名为“成虫盘”。

这些成虫盘对应着未来成虫身体的每一个主要结构，包括触角、口器、足和生殖器等附肢，乃至眼、翅和头胸部位的外骨骼；此外，幼虫体内还有大量“成虫细胞”，对应着成虫体内的主要脏器。

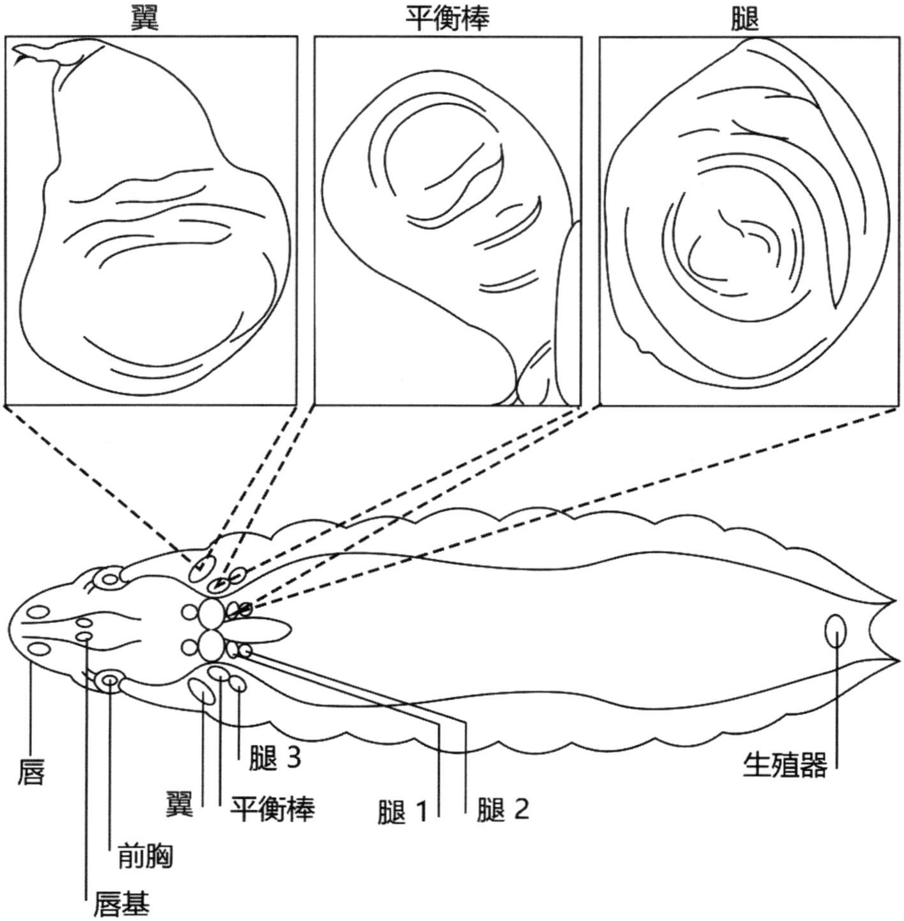

果蝇幼虫体内的成虫盘

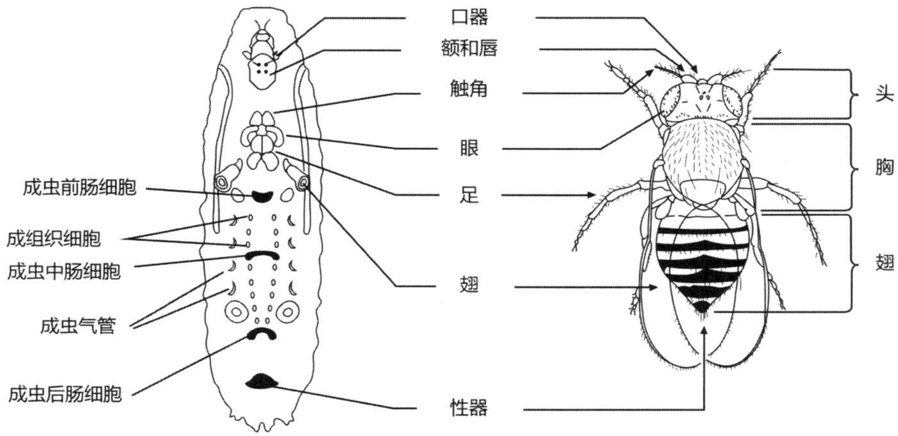

成虫盘、成虫细胞与成虫的对应关系

成虫盘和成虫细胞是受精卵遗留的干细胞，而不是幼虫孵化后产生的新结构，它们在整个幼虫阶段都安静地休眠着，毫无生气，但随着果蝇幼虫经过第三次蜕皮进入蛹期，这些成虫盘和成虫细胞开始蠢蠢欲动，卷入一场激烈的变革：

首先是组成幼虫的绝大多数体细胞程序性死亡，瓦解成一大团富含营养的“糨糊”；同时成虫盘和成虫细胞迅速生长，前者就像缩进的收音机天线彻底展开那样，从盘状变成杆状、片状；后者则紧锣密鼓地分化出成虫的呼吸系统和消化系统，以适应更加活跃的飞行生活。

所有的完全变态昆虫都采用这样的发育机制，即成虫以成虫盘和成虫细胞的形式潜伏在幼虫体内，到蛹期逐渐展开；幼体的大部分细胞则在蛹期程序性死亡，就连神经系统都有大规模的重连，构造出全新的本能反应。因此，完全变态昆虫的幼虫与成虫几乎是两个完全不同的个体，与其说是毛毛虫破茧成蝶，不如说是成虫盘和成虫细胞破茧成蝶。

但唯一不同的是，有些蛹包被着幼虫最后一层外壳，称为被蛹，几乎没有活动能力，比如双翅目和鳞翅目；有些蛹抛弃了幼虫的外壳，在外观上很像成虫，活动能力较强，称为离蛹，比如膜翅目和鞘翅目。

到此为止，我们已经大致了解了完全变态的机理，但如此大费周章的发育历程，在进化上究竟有什么意义呢?

不妨注意这样一个事实：变态发育是有翅昆虫近 30 个目的共同特征，但并非所有的变态发育都是完全变态，也有些昆虫的发育相对平缓，除了生殖系统和翅不够成熟以外，幼体与成体的生理结构没有明显区别，不经历剧烈的变化蛹期，也就是中小学课程里专门强调过的“完全变态”和“不完全变态”。

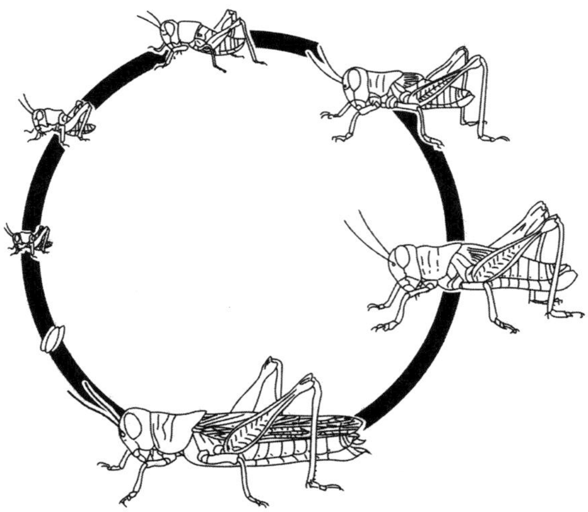

直翅目的发育是最典型的不完全变态，一生之中都没有明显变化

这种重要地位来自完全变态和不完全变态的一项本质区别：在不完全变态的昆虫身上，受精卵的发育一步到位，多数器官都在孵化时成形；而在完全变态的昆虫身上，受精卵先发育出一个半成品的幼虫，多数器官以成虫盘和成虫细胞的形式预存下来，到蛹期才补完发育。

所以相比不完全变态昆虫的若虫或稚虫，完全变态昆虫的幼虫更像一个延期发育的胚胎，绝大部分肉体都是胚胎的供养设备，里面的成虫盘和成虫细胞才是本体。如果类比到脊椎动物身上，毛毛虫相当于一个自力更生的蛋，毛毛虫的肉体相当于蛋黄和蛋清，成虫盘和成虫细胞相当于蛋中的胚胎，蛹期相当于孵化，羽化才是真正的新个体诞生。

在具体的适应性上，这种延期发育的特质减轻了卵的营养储备负担，也减少了幼虫的代谢负担，而且蛹期不需要进食，便于休眠，能度过艰难的时期，等等，好处不胜枚举，但最关键的是：完全变态让幼虫和成虫在生理和习性上都产生了巨大的差异，需要不同的环境，占据了不同的生态位。

这首先极大地减轻了成体和幼体在物种内部的竞争关系，即便环境不利也能避免长幼不能俱全的悲剧；进而给进化提供了难得的丰富素材：幼虫和成虫既然生活在不同的环境里，就可以在不同的领域开发不同的适应性，在更多的维度里开发新的性状，让昆虫的多样性成倍增加。

为什么台风都有个名字

如果关注每年夏秋之际的台风预报，就不难发现：有的台风名字很“中国”，如“龙王”“玉兔”“海葵”等，有的台风名字则含义不明，如“达维”“布拉万”。这些名字到底从何而来呢？为什么台风都有个名字呢？实际上，这是由台风的命名规则决定的。

目前中国大陆所采用的台风名字共 140 个，它们由 14 个亚太国家或地区提出，每个地区可提供 10 个名字，经世界气象组织下属的台风委员会认定后使用。台风名称按照“提名”地区的英文字母顺序轮流使用，名称用尽后重新循环。

这 14 个地区常年受到西北太平洋所生成的台风侵扰，包括柬埔寨、中国大陆、朝鲜、中国香港、日本、老挝、中国澳门、马来西亚、密克罗尼西亚、菲律宾、韩国、泰国、美国和越南。

台风委员会所认定的 140 个名称均为英文名，为了避免歧义，这些名称的中文译名由中国中央气象台、香港天文台和澳门地球物理暨气象台协商后共同确定。

除了能为台风命名外，台风委员会也能将某些名称踢出“台风命名库”。如果某个台风造成了巨大灾害，经台风委员会认定后有可能被除名，该名称就成为该次台风永久的专有名字，新名称则由原提名地区重新命名。

2005 年，19 号台风“龙王”就因造成了 74.78 亿元的经济损失并导致近百人死亡，被台风委员会踢出组织，并由中国大陆重新提名的“海葵”所代替。“龙王”也是由中国大陆提供的台风名称中首个被除名的名字。

中国提出的名称包括龙王、悟空、玉兔、海燕、风神、海神、杜鹃、电母、海马、海棠。其中“龙王”和“海燕”被“海葵”和“白鹿”所代替，被除名的“海马”将于 2018 年召开的第 50 届台风委员会会议重新命名。

不过，对于中国大陆来说，台风有名字不过 17 年的历史。在此之前，这些台风在中国只有自己的编号。

2000 年之前，中国以“年份”加“当年生成顺序”的四位编码命名台风，如将 1998 年的第 1 号台风命名为 9801。不管是编码命名法还是给台风赐名，都是来自世界气象组织所认定的国际名称。

采用通俗名称命名台风的好处是明显的。在西北太平洋，每年登陆的台风达六七个之多，同时生成多个台风的现象也比较普遍，1960 年 8 月甚至同时出现了五个台风。以编号命名非常不利于区分台风，特别是面对公众时。

实际上，加勒比地区早在 19 世纪就已经为飓风命名了。当时多是根据飓风登陆时的时间、船只名称等方式命名。如 1850 年一艘名为“安切”的船只在大西洋航行时因遭遇飓风而遇难，这场飓风就被命名为“安切”；而一个在劳动节当天侵袭佛罗里达州的飓风则直接被命名为“劳动节”。

在其他地区，当时常采用台风生成的经纬度来命名，这种由数字、符号和字母同时组成的名称非常烦琐。

1887 年，英国气象学家克莱门特·雷格开始在澳大利亚昆士兰的气象站用人名为飓风命名，最初采用希腊神话人物，后拓展到波利尼西亚神话人物甚至还包括当时的政客。

此后，以人名为台风命名的方式被美国人发扬光大。1947 年，设于关岛的美军联合台风警报中心（JTWC）开始以 84 个女性名字为西太平洋台风统一命名。这些以女性名字命名的台风常与巨大的破坏联系到一起，饱受女权主义者批评。1978 年，JTWC 开始以男性名字和女性名字交替命名，并在次年将名称增加到 92 个。

由于世界气象组织自 2000 年才开始以通俗名称命名台风，因此 JTWC 的台风名称被广泛采用。尽管各地区也常自行为本地区台风命名，但 JTWC 和台风委员会的命名影响最为广泛。

值得一提的是，由于台风委员会自 1981 年开始委托日本气象厅为每年西北太平洋生成的台风（包括热带风暴和强热带风暴）编号，因此这些台风在生成时都由设于东京的区域气象中心编号并根据既定的 140 个名称命名。

当然，这些由日本气象厅钦点的台风名称并非通行各地。作为台风委员会命名成员之一的菲律宾就表示，当台风进入菲律宾境内时，他们将为台风采用当地的名称。

台风委员会所采用的 140 个名称，包括神话人物、动植物、人名、地名、星座、珠宝等，为了避免产生歧义或在不同文化间引起冲突，含义多较为美好。如总序号为“1”的名称“达维”，由柬埔寨命名，意为“大象”。

大象的鼻子为什么这么长

这个问题并没有一般人想象的那么简单，它至今仍没有一个确切的答案，科学界只能尽量提出站得住脚的理论来解释它。

曾经，最为流行的解释是“潜水呼吸说”：大象的祖先始祖象生活在沼泽与河畔地区，大部分时间都待在水中，类似于今天的河马，为适应这种生活模式，它产生了一个向前凸出的鼻子，以便在游泳时伸出水面换气。后来大象转向陆地生活，祖先的长鼻子还是遗留了下来。

这个解释可信度很高，但只把问题回答了一半。今天的象鼻，比其祖先的要更长出许多，而且它也并不只是长度有所发展，而是包含 4 万块肌肉（分为 15 万个肌肉束），外加由上颌神经和面神经形成独特的长鼻神经，变成了大象身上最为多功能的器官。

通过精确协调的肌肉收缩运动，象鼻可以做许多事，如我们熟悉的卷取物体、吸水喷水。象鼻力量很大，能举起 350 千克的重物，同时又支持细致操作，能被大象用来擦拭眼睛。在运动能力如此强化的基础上，大象并没有牺牲其嗅觉，它的嗅觉可能有猎犬的四倍灵敏。

至于大象为何会进化出这样一副长鼻子，一篇发表于 2015 年的论文提出了新的解释：长鼻子是帮助大象进食，使它维持巨大体形的关键。

对于草食动物而言，体形越大，需要面对的天敌越少，大象几乎可以算是站在了食物链顶端的生物。但同时，它新陈代谢消耗的能量也与体形正相关，必须大量进食，才不至于饿死。

然而，由于咬合频率低，吃东西慢悠悠的，单靠口腔容量本身，大象根本吃不完日常所需的足量食物。因此，它的长鼻子就变得尤其重要，在灵巧的鼻子的辅助下，大象一次性进食量显著提升，等于帮它扩大了“软的口腔容积”，使其进食量能够与体重相称。同样的情形也发生在长颈鹿身上，它的长舌头也是其“软的口腔容积”的一部分，只不过不及大象的鼻子显眼。

象鼻为进食提供的好处还不止于扩大吃进食物的数量，同时，它还提升了大象进食的质量。

由于体形巨大，大象选择的食物一般都是比较大型的植株，而植物随体积增长，叶子的比例和含氮的比例都会降低。若是仅仅一股脑吃进口中，摄取营养的效率很低。换句话说，一头 3500 千克的大象，与一头 350 千克的羚羊相比，并不能靠吃进十倍于后者的食物就能获得十倍于后者的能量。

这就要求大型动物在吃进食物之前，先剔除那些营养少、难消化的部分，再吃进剩余的叶子。纯粹的口腔当然无法做到这点，而有灵活器官辅助的“软的口腔”，则正为扮演这一角色进化而来。

遗憾的是，尽管研究者用现存的 18 种草食动物建立量化模型，检验了他们关于“软的口腔”提升进食效率的理论。但因为软组织很难留下化石，他们还缺少证据来证明确实就是这一因素决定了象鼻的进化。所以，这也只能看作目前最靠谱的假说，而非确切的答案。